Jean-Michel Groult

GEMÜSE GÄRTNERN
SUPER EINFACH

Jean-Michel Groult

GEMÜSE GÄRTNERN
SUPER EINFACH

Inhalt

DIE BASICS 8

Grundausstattung 10
Los geht's – Werkzeug & Geräte 12
Hochbeet oder Quadratbeet 14
Einpflanzen 16
Laufende Pflege 18
Problemstandorte 20
Jahreskalender 22

GEMÜSE VON A BIS Z 26

Artischocke 28
Aubergine 30
Buschbohne 32
Stangenbohne 34
Dicke Bohne 36
Erbse 38
Erdbeere 40
Feldsalat 42
Fenchel 44
Gurke 46
Himbeere 48
Kapstachelbeere 50
Kartoffel 52
Knoblauch 56
Kohl 58
Kürbis 62
Lauch 66
Mangold 68
Melone 70
Möhre (Karotte) 72
Radicchio & Co. 74
Radieschen 76
Rhabarber 80
Rote Bete 82

Rucola 84
Paprika 86
Rübe 88
Salat 90
Schalotte 94
Sellerie 96
Spinat 98
Süßkartoffel 100
Tomate 102
Zucchini 108
Zwiebel 110
Vergessene Gemüse 112
Für Kinder 114
Gemüsegarten im Topf 116

KRÄUTER 120

Einjährige Kräuter 122
Mehrjährige Kräuter 126
Minze 130
Strauchige Kräuter 134
Essbare Blüten 138

Register 142
Impressum 144

DIE BASICS

Ein paar Quadratmeter Garten, ein paar Werkzeuge – mehr brauchen Sie nicht für einen eigenen kleinen Gemüsegarten!
Planen Sie noch ein bisschen Zeit für die Planung und die Vorbereitung ein. Das spart später Zeit und Sie werden mit einer besonders reichen Ernte belohnt.
Los geht's!

Grundausstattung

WAS SIE UNBEDINGT BRAUCHEN

Sie können Gemüse und Kräuter an vielen Stellen im Garten anbauen, aber manche eignen sich besser als andere. Wenn Sie einen perfekten Standort gefunden haben, können Sie sich zurücklehnen. Ist er nicht ganz so gut, macht das nichts. Mit den richtigen Sorten und der passenden Pflege wachsen die Pflanzen auch da, wo es nicht so optimal ist.

1. LICHT
Fast alle Gemüse wachsen in der vollen Sonne, es gibt aber auch manche Arten, die auch Halbschatten vertragen. Ideal ist ein Platz mit mindestens 4 bis 5 Stunden Sonne täglich.

2. BODEN
Der ideale Boden für einen Nutzgarten lässt sich leicht bearbeiten. Er sollte nicht zu sandig und nicht zu lehmig sein. Passt der Boden nicht, bauen Sie einfach große Kästen oder Hochbeete.

3. WASSER
Gemüse ist durstig. Sie brauchen deshalb eine Wasserquelle ganz in der Nähe, einen Wasserhahn oder einen Behälter zum Sammeln von Regenwasser.

4. GEDULD
Selbst die Schnellsten brauchen drei Wochen bis zur Reife, etwa Gartenkresse. Andere lassen sich mehr Zeit – sie bringt man am besten schon im Frühjahr auf den Weg.

5. WAGEMUT
Sehr praktisch sind vorgezogene Jungpflanzen. Sie sind je nach Wetter ab März/April erhältlich und können gleich gepflanzt werden. Manche Sorten brauchen dann fast keine Pflege mehr.

DIE BASICS

6. EIN BISSCHEN HINGABE
Mit einem Gemüsegarten ist es ein bisschen wie mit kleinen Kindern oder Haustieren. Man muss ihn im Auge behalten, er braucht Zuneigung und Pflege. Das nimmt jeden Tag nur wenig Zeit in Anspruch, sollte aber regelmäßig geschehen, damit alle Gemüse und Kräuter optimal gedeihen.

AUF EINEN BLICK
- Um eine vierköpfige Familie gelegentlich mit Gemüse zu versorgen, brauchen Sie 10 m².
- Zur Selbstversorgung sollten Sie mit 100 m² pro Person rechnen.

Los geht's

DIESE WERKZEUGE BRAUCHEN SIE

Natürlich können Sie mit allem, was Ihnen in die Hände fällt, in der Erde herumkratzen, das macht aber auf Dauer keinen Spaß. Eine Werkzeuggrundausstattung ist nicht teuer, spart aber viel Zeit.

HANDHACKE
Mit ihr kann man den Boden oberflächlich bearbeiten, etwa um eine Aussaat vorzubereiten, Unkraut zu jäten oder die Erde etwas aufzubrechen, damit sie nicht zu fest wird. Es gibt viele Varianten, eine reicht vollkommen.

GARTENHACKE
Das Handwerkzeug hat auf einer Seite ein spitz zulaufendes und auf der anderen ein rechteckiges Blatt (oder zwei Zinken). Mit einer Gartenhacke lassen sich Rillen für die Aussaat oder zum Pflanzen ziehen, Unkräuter jäten oder die Erde lockern.

SPATEN
Einen Spaten zum Umgraben brauchen Sie nur für ebenerdige Beete (also Beete ohne erhöhte Ränder) und natürlich nicht für Hochbeete.

RECHEN
Mit dem Rechen wird die Erde im Beet vor der Aussaat oder dem Pflanzen glattgezogen, damit die Oberfläche schön feinkrümelig ist. Es gibt Kombisysteme mit austauschbarem Kopf.

DIE BASICS

PFLANZHOLZ
Es besteht aus einem kegelförmigen Metallaufsatz und einem Griff. Man drückt es in die Erde, um ein etwa 10 cm tiefes Pflanzloch zu stechen, etwa für Lauch. Man braucht es aber nicht unbedingt – zur Not tut es auch ein zugespitzter Stock.

PFLANZSCHAUFEL
Wird auch Blumenkelle genannt. Eignet sich zum Ausheben kleiner Löcher und zum Lockern des Bodens, wenn der nicht zu stark verdichtet ist.

SAMENSPENDER
Kostet nicht viel, ist aber sinnvoll, um ein zu dichtes Aussäen zu vermeiden – das passiert oft! Verstauen lässt er sich bequem in der Kiste mit den Sämereien.

SPRÜHFLASCHE
Zum Befeuchten von Jungpflanzen und zum Spritzen von Pflanzenstärkungsmitteln. Die Größe mit einem Liter Fassungsvermögen reicht völlig aus. Außerdem verwendet man Sprühflaschen zum Besprühen von Zimmerpflanzen.

GARTENSCHLAUCH
An einem Gartenschlauch kann man einen Brause- oder Spritzaufsatz befestigen. Schläuche ersparen einem das Herumschleppen einer Gießkanne. Nicht unbedingt notwendig, aber superpraktisch!

GIESSKANNE
Immer griffbereit und am besten gleich neben dem Wasserhahn platziert. Kaufen Sie eine mit etwa 10 l Fassungsvermögen. Wichtig ist auch ein guter Brauseaufsatz, mit dem man Saaten wässern kann, ohne alles gleich wegzuschwemmen. **Tipp:** Wenn Sie den Platz haben, kaufen Sie gleich zwei oder drei Kannen, das spart Zeit beim Gießen.

EINFACH IMPROVISIEREN
Sie basteln gerne? Dann können Sie sich Ihre Gartengeräte auch selbst herstellen. Aus einem alten Schraubenzieher wird ein einzinkiger Handgrubber, ein zugespitzter Stock zum Pflanzholz. Recycling pur und günstig obendrein!

AUF EINEN BLICK
- In kleinen Gärten leistet auch Kinderwerkzeug gute Dienste, vor allem wenn man nur einen Blumenkasten oder ein Hochbeet hat.
- Große Geräte, die man nicht oft braucht, kann man sich auch ausleihen, etwa einen Spaten.

Hochbeet oder Quadratbeet

SCHNELL GEMACHT & PRAKTISCH

Hochbeete oder Beete mit Randeinfassung haben den Vorteil, dass sie bequem zu bearbeiten und leicht zu pflegen sind. Für Einsteiger sind sie einfach genial. Bausätze enthalten oft unnötige Teile wie Streben oder Trennwände. Vergleichen Sie die verschiedenen Fabrikate; es gibt preiswerte und teurere Modelle – oder bauen Sie Ihre Beeteinfassung mit etwas handwerklichem Geschick einfach selbst!

1. Das Beet vorbereiten
Grassoden herausstechen und die Erde umgraben. Ist zwar anstrengend, dafür gibt es später (meist) weniger Unkraut.

2. Aufstellen
Stellen Sie den unteren Teil des Bretterrahmens auf. Die Bretter müssen fest auf dem Boden aufliegen und waagrecht sein – mit einer Wasserwaage können Sie das einfach überprüfen.

3. Fertigstellen
Rahmen nach Anleitung weiter zusammenfügen. Die Bretter nach Möglichkeit zusätzlich verschrauben, damit alles stabil wird und nichts wackelt.

4. Beet mit Erde füllen
Gartenerde oder (wie hier) Komposterde verwenden. Hochbeete haben ein großes Fassungsvermögen, daher sollten Sie vorher ausrechnen, wie viel Erde Sie brauchen.

5. Einebnen
Oberfläche des Beets einebnen und glätten. Die Erde sollte bis 5 cm unter den Rand reichen, deshalb bei Bedarf etwas nachfüllen und vor dem Pflanzen oder Säen etwas „sacken lassen".

DIE BASICS

6. Lattengerüst
Ein Raster aus Latten auf dem Rahmen sieht gut aus und erleichtert das Pflanzen und Säen im richtigen Abstand. Es ist aber nicht unbedingt nötig.

AUF EINEN BLICK
- Man kann sich den Rahmen auch selbst aus Brettern basteln. Unbehandelte Bretter halten etwa 5 Jahre, imprägnierte 6 bis 7 Jahre.
- Hochbeete sind schnell zusammengebaut. Für den Anfang reichen vier 1-m²-Beete.

Einpflanzen

Loch graben, Pflanze hineinsetzen, wässern. So einfach ist es, einen Gemüsegarten anzulegen. Da kommt schnell Routine auf, zumal die meisten Gemüsearten wenig zimperlich sind und rasch anwachsen – ein Minimum an Pflege vorausgesetzt.

BEET VORBEREITEN

Aller Anfang ist schwer, aber er lohnt sich. Zunächst müssen Sie die vorhandenen Pflanzen entfernen – möglichst mit Wurzeln. Dann lockern Sie die Erde durch Umgraben. Bei großen Flächen erledigt man das mit einem Spaten, bei kleinen Beeten reicht eine Handschaufel. Zum Schluss sorgt man für eine feinkrümelige Struktur, indem man die Erde mit den Fingern oder der Handhacke zerbröselt. Ein gut vorbereitetes Beet hat Erde, die wie Streusel oder Grieß aussieht, wobei die Bröckchen natürlich etwas größer sein dürfen.

JUNGPFLANZEN EINSETZEN

Ganz gleich, wie groß eine Pflanze ist – ob Salatsetzling oder Topftomate – die Pflanzmethode ist immer die gleiche. Bereiten Sie als Erstes den Boden wie links beschrieben vor. Dann heben Sie ein Loch aus, das etwas größer ist als der Wurzelballen der einzusetzenden Pflanze. Anschließend wird der Ballen in das Loch gesetzt – natürlich ohne Topf. Füllen Sie nun um ihn herum Erde ein, aber ohne sie festzudrücken. Zum Schluss wird ausgiebig gewässert: Das Wasser schwemmt Erde um die Wurzeln. Tipp: Salat wird hoch eingesetzt, der muss im Wind „flattern". Tomaten kommen tiefer in die Erde, alle anderen so, wie sie vorher gewachsen sind.

DIE BASICS

GRUNDLAGEN

REIHENSAAT
Wenn Sie keine fertigen Setzlinge haben, ist die Reihensaat die praktischste Aussaatmethode, denn damit bekommen Sie in einer Linie ausgerichtete Kulturen. Ziehen Sie in der vorbereiteten Erde eine Rille in die Erde – 2 cm tief reicht. Streuen Sie nun das Saatgut hinein und bedecken Sie es etwa 5 mm dick mit Erde. Zum Schluss noch mit der Brause wässern – fertig!

HORSTSAAT
Diese Aussaattechnik ist ideal für Kletterbohnen, Erbsen und Zucchini. Heben Sie ein 2 cm tiefes und handbreites Loch aus, und legen Sie 3 bis 5 Samenkörner mit jeweils rund 2 cm Abstand zueinander hinein. Sie werden etwa 2 cm dick mit feinkrümeliger Erde bedeckt und anschließend mit einem Brauseaufsatz gewässert. Wenn Sie eine ganze „Horstreihe" anlegen, lassen Sie einen Abstand zwischen den Löchern – 30 cm bei Erbsen und Bohnen, 80 cm bei Zucchini.

SAATBÄNDER
Diese Methode ähnelt der Reihensaat, ist aber noch einfacher. Ziehen Sie eine etwas tiefere Furche in die Erde, legen Sie das Saatband hinein und dann geht es genauso weiter wie bei „Reihensaat" beschrieben. Die Samen haben im Band, das sich in kurzer Zeit auflöst, bereits den idealen Abstand zueinander. Es gibt auch Saatscheiben, -rollen und sogar -teppiche für größere Flächen. Sie alle müssen etwa 1 bis 2 cm dick mit Erde bedeckt werden.

Laufende Pflege

Ein bisschen Pflege muss schon sein, damit das Gemüse gedeiht und die Ernte üppig wird. Keine Sorge, viel ist nicht nötig und wenn Sie den Dreh raus haben, ist die Pflege ein Kinderspiel.

JÄTEN
Solange das Unkraut noch klein und der Boden feucht ist, können Sie es einfach auszupfen. Ansonsten funktioniert das Jäten nur, wenn man die Pflanzen mitsamt der ganzen Wurzel aus der Erde holt, statt sie einfach abzuschneiden. Größere Gewächse oder solche, die in harter Erde wachsen, hebelt man mit einer Handschaufel heraus. Anschließend wird die Erde von den Wurzeln geschüttelt.

GIESSEN
Natürlich genügt es, Pflanzen einfach mit Wasser zu versorgen, um sie am Verdursten zu hindern. Trotzdem kann man das Wässern optimieren. Gießen Sie die Pflanzen von unten, ohne das Laub zu benetzen. Passen Sie die Häufigkeit der Wassergaben außerdem an die Bodenbeschaffenheit an: Wo sich nie oder kaum Pfützen bilden, wässert man alle 2 Tage, aber nicht zu viel (etwa 10 l/m²). In schweren, wasserspeichernden Böden gießt man nur alle 3 bis 4 Tage, dafür jedoch die doppelte Menge.

DIE BASICS

FÜNF ROUTINEARBEITEN

MULCHEN
Verteilen Sie organische Abfälle um die Basis der Pflanzen. Eine 5 cm dicke Schicht Rasenschnitt, Laubhumus oder Stroh fördert das Wachstum. Mulch reichert den Boden mit Nährstoffen an, unterdrückt Unkraut und verringert die Verdunstung von wertvollem Bodenwasser im Wurzelraum. Allerdings verkriechen sich gern Nacktschnecken unter dem Mulch – ab und zu kontrollieren bitte! Erdbeeren sollten auf jeden Fall mit Stroh gemulcht werden, damit die Früchte nicht auf der Erde liegen und faulen.

DÜNGEN
Das Ausbringen von Dünger während der Wachstumssaison ist nicht unbedingt notwendig, sieht man einmal von sehr nährstoffhungrigen Gemüsen wie Knollensellerie ab. Auch Kartoffeln, Kohl, Lauch und Tomaten sind für eine zusätzliche Nährstoffgabe dankbar. Wählen Sie organischen Biodünger und halten Sie sich genau an die Dosierempfehlungen auf der Verpackung – denn zu viel Dünger schadet mehr, als dass er nützt.

PFLANZENSCHUTZ
Gemüse und Obst haben viele kleine Feinde. Vor allem Insekten zapfen oder knabbern sie gern an, aber auch Schnecken tun sich an ihnen gütlich. Gegen Blattläuse hilft das Abstreifen mit den Fingern oder Sie warten, bis die Meisen den Gemüsegarten entdeckt haben. Vorsorglich können Sie die Pflanzen auch mit einem Insektennetz abdecken.
Gegen Schnecken hilft ein Schneckenzaun oder Schneckenkorn auf Eisenphosphatbasis. Das ist umweltfreundlich und für andere Tiere im Garten nicht giftig.

Problemstandorte ...

Wenig Sonne, verdichteter Boden und Gebirgsklima sind keine idealen Bedingungen für den Anbau von Nutzpflanzen. Dennoch kann man sie auch dort anbauen, dann muss man einfach mit ein paar Tricks arbeiten. Manche Bedingungen lassen sich schwer optimieren, etwa Lichtmangel oder Staunässe. Muss jedoch der Boden verbessert werden, brauchen Sie einfach einen etwas längeren Atem – los geht's!

TROCKENHEIT

SCHWERE BÖDEN

Gutes Wässern ist das A und O in Gegenden mit wenig Niederschlägen im Sommer. Hier kommt man außerdem um ein Mulchen nicht herum. Noch besser ist es, wenn man die Beete zusätzlich im Schatten einer Hecke anlegt, sodass sie nicht so viel Sonne abbekommen.

Schwere Ton- und Lehmböden liefern den Pflanzen viele Nährstoffe, lassen sich aber schlecht bearbeiten. Bearbeiten Sie Beete mit Tonböden frühestens drei Tage nach Regen und verbessern Sie das Erdreich nach und nach durch Einarbeiten von Kompost und Sand. Das dauert ein bisschen, aber der Aufwand lohnt sich.

DIE BASICS

... UND WAS MAN DAGEGEN TUN KANN

SCHATTEN

BERGREGIONEN

NASSE BÖDEN

Im Schatten baut man an, was mit weniger Licht auskommt, etwa Zucchini, Kartoffeln, Blattsalate, Erdbeeren, (Kletter-)Bohnen, Rettiche oder Rucola. Anschließend können Sie auch andere Sorten ausprobieren, wenn Sie ihnen etwas mehr Platz als empfohlen lassen. Vorsicht: Schnecken sind im Schatten besonders lästig.

In den Bergen lässt das Frühjahr länger auf sich warten, während es im Herbst früher kalt wird. Legen Sie Ihren Nutzgarten nah am Haus und auf der Südseite an. Wintergemüse wie Rüben, Möhren und Lauch werden vor Mitte August ausgesät. Sobald die Temperaturen erstmals unter −5 °C fallen, sorgt man für Winterschutz.

Böden in Senken und Tälern eignen sich ausgezeichnet für den Anbau, sind jedoch oft sehr nass. Das mag Gemüse überhaupt nicht. Die Lösung ist einfach: Häufeln Sie die Erde zu flachen Hügelbeeten auf oder legen Sie 40 cm hohe Hochbeete an.

Jahreskalender
FÜR EINE OPTIMALE GARTENPLANUNG

JANUAR

- *ERNTEN:* Feldsalat, Lauch, Kohl

FEBRUAR

- *PFLANZEN:* Dicke Bohne
- *ERNTEN:* Feldsalat, Lauch

MÄRZ

- *PFLANZEN:* Dicke Bohne, Erbse, Erdbeere, Himbeere, Knoblauch, Radieschen, Rettich, Rhabarber, Rucola, Schalotte, Salat, Zwiebel
- *ERNTEN:* Lauch

JULI

- *PFLANZEN:* Bohne, Knollenfenchel, Kohl, Lauch, Rote Bete, Speiserübe
- *ERNTEN:* Artischocke, Bohne, Erdbeere, Fenchel, Gurke, Himbeere, Kartoffel, Knoblauch, Kohl, Mangold, Melone, Möhre, Rote Bete, Schalotte, Speiserübe, Spinat, Tomate, Zucchini

AUGUST

- *PFLANZEN:* Radicchio & Co., Rettich, Speiserübe, Spinat
- *ERNTEN:* Artischocke, Aubergine, Bohne, Erdbeere, Fenchel, Gurke, Himbeere, Kartoffel, Kohl, Mangold, Melone, Möhre, Paprika, Rettich, Rote Bete, Speiserübe, Spinat, Tomate, Zucchini

SEPTEMBER

- *PFLANZEN:* Erdbeere, Feldsalat, Radicchio & Co., Rettich
- *ERNTEN:* Artischocke, Aubergine, Bohne, Erdbeere, Fenchel, Gurke, Himbeere, Kartoffel, Kohl, Kürbis, Lauch, Mangold, Möhre, Paprika, Rettich, Rhabarber, Rote Bete, Schalotte, Speiserübe, Spinat, Tomate, Zwiebel, Zucchini

DIE BASICS

APRIL

- *PFLANZEN:* Artischocke, Erbse, Erdbeere, Kartoffel, Knoblauch, Mangold, Möhre, Rettich, Rhabarber, Rucola, Salat, Schalotte, Speiserübe, Spinat, Zwiebel
- *ERNTEN:* Radieschen, Rettich, Rhabarber, Rucola

MAI

- *PFLANZEN:* Aubergine, Bohne, Erbse, Fenchel, Gurke, Kapstachelbeere, Kartoffel, Kohl, Kürbis, Lauch, Mangold, Melone, Möhre, Paprika, Rettich, Rote Bete, Rucola, Salat, Sellerie, Speiserübe, Spinat, Süßkartoffel, Tomate, Zwiebel, Zucchini
- *ERNTEN:* Salat, Erbse (Zuckerschoten), Erdbeere, Radieschen, Rettich, Rhabarber, Rucola

JUNI

- *PFLANZEN:* Aubergine, Bohne, Erbse, Fenchel, Gurke, Kapstachelbeere, Kohl, Kürbis, Lauch, Mangold, Melone, Möhre, Paprika, Rote Bete, Salat, Sellerie, Speiserübe, Süßkartoffel, Tomate, Zucchini
- *ERNTEN:* Salat, Erbse, Erdbeere, Himbeere, Mangold, Möhre, Rettich, Rhabarber, Rucola, Speiserübe, Spinat, Zwiebel

OKTOBER

- *PFLANZEN:* Feldsalat, Himbeere, Knoblauch, Rhabarber
- *ERNTEN:* Aubergine, Fenchel, Kapstachelbeere, Kohl, Kürbis, Lauch, Mangold, Möhre, Paprika, Radicchio & Co., Rhabarber, Rote Bete, Schalotte, Sellerie, Speiserübe, Spinat, Süßkartoffel, Tomate, Zwiebel, Zucchini

NOVEMBER

- *PFLANZEN:* Feldsalat, Himbeere, Knoblauch
- *ERNTEN:* Mangold, Feldsalat, Fenchel, Kapstachelbeere, Kohl, Lauch, Möhre, Radicchio & Co., Rote Bete, Sellerie, Speiserübe, Spinat

DEZEMBER

- *ERNTEN:* Feldsalat, Kohl, Lauch, Radicchio & Co., Sellerie

GEMÜSE VON A BIS Z

Unkompliziert und auf den Punkt: Mit diesen einfachen Schritt-für-Schritt-Anleitungen zum Anbau von Gemüse, Naschobst und Kräutern kann nichts schief gehen. Gemüse anbauen ist wie Kochen nach Rezept – nur mit ein bisschen mehr Geduld!

Pflegebedarf

★ pflegeleicht
★★ normal
★★★ anspruchsvoll

Standort

☀ sonnig
⛅ halbschattig

Wasserbedarf

◊ gering
◊◊ normal
◊◊◊ hoch

Zeit bis zur Ernte

⏱ 3–6 MONATE

Artischocke

TRÄGT GARANTIERT

Artischocken brauchen viel Platz: Pro Exemplar muss man mit 1 m² rechnen. Sobald sie aber eingewachsen sind, fordern sie nur noch wenig Aufmerksamkeit ein.

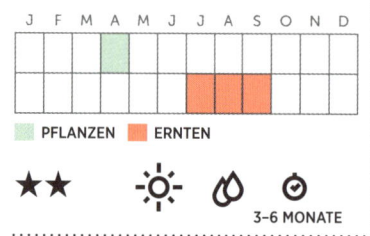

★★ ☼ 💧 ⏲ 3–6 MONATE

PFLANZEN   ERNTEN

1. Vorgezogene Jungpflanzen setzen
Boden feinkrümelig vorbereiten, ein Loch ausheben, das gerade so groß ist wie der Wurzelballen des Setzlings. Ballen nicht zu tief setzen.

2. Angießen
Mit etwa 5 l wässern, damit die Erde um den Wurzelballen richtig eingeschlämmt wird. Idealerweise den Boden um den Setzling anschließend 5 cm dick mit Mulch aus Grasschnitt bedecken.

3. Bis zur Blüte warten
Artischocken blühen meist im zweiten Jahr. An jedem Trieb sitzen mindestens 2 bis 3 Blütenstände, die sich über mehrere Wochen bilden.

4. Ernten
Die noch geschlossenen Blütenstände abschneiden. Violette Sorten mit spitzen Blütenständen werden kleiner geerntet als solche mit grünen, runden Köpfen.

5. Zum Saisonende putzen
Sobald das Laub vertrocknet, die Pflanzen bis knapp über dem Boden zurückschneiden und mit einer 10 bis 20 cm dicken Mulchschicht und Vlies abdecken.

AUF EINEN BLICK

- In Regionen mit kalten Wintern erfrieren Artischocken ohne Schutz. Sie sollten dann ausgegraben und drinnen kühl, aber frostfrei überwintert werden.

- Artischocken können bis zu 10 Jahre alt werden, der Ertrag lässt aber nach 5 Jahren nach, vor allem auf schweren Böden.

- Für eine vierköpfige Familie reichen 4 Pflanzen.

Aubergine

FÜR DAS SOMMERENDE

Auberginen lieben Wärme und sind daher ideal für alle, die im Garten erst spät in die Gänge kommen. Sie fangen sich selten Krankheiten ein und sind unkomplizierter als Tomaten. Allerdings brauchen sie länger, bis sie reif sind.

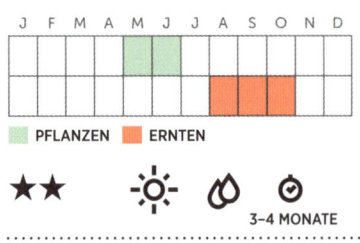

★★ ☼ 💧 ⏱ 3-4 MONATE

1. Auf warmes Wetter warten
Jungpflanzen in milden Gegenden ab Mitte Mai, in kühlen Gegenden ab Anfang Juni ins Freiland pflanzen. Pflanzt man zu früh, kann ein Kälteschock das Wachstum stark bremsen.

2. Einpflanzen
Ein Pflanzloch ausheben, das etwas tiefer ist, als der Wurzelballen. Erde zurückfüllen, leicht andrücken und gut angießen.

3. Schützen
Pflanzen in kalten Nächten (bei Temperaturen unter 8 °C) mit einer Abdeckung, etwa einer Haube, einem Folientunnel oder Vlies schützen.

4. Anbinden
Triebe an Stützen binden, sobald sie größer werden. Das Anbinden ist nicht unbedingt nötig, doch in kleinen Gärten spart es Platz, da die Pflanzen dann aufrechter wachsen.

5. Geduld haben
Auberginen blühen oft erst in der zweiten Julihälfte. Das ist nicht ungewöhnlich. Bei Bedarf kann man ihnen mit etwas Flüssigdünger oder einer Abdeckung bei Kälte auf die Sprünge helfen.

GEMÜSE VON A BIS Z

6. Ernten
Früchte am Stielansatz abschneiden. Mit dem Ernten nicht zu lange warten, sonst werden sie zäh und entwickeln zu viele Kerne.

AUF EINEN BLICK

- Auberginen werden nicht geschnitten. Sie wachsen von alleine buschig.
- Ist es im September bereits kühl, deckt man die Pflanzen nachts mit Gartenvlies ab.
- Auberginen müssen nicht vor Krankheiten geschützt werden.
- Für 4 Personen rechnet man mit 6 Pflanzen.

Buschbohne

FÜR GRÜNE BOHNEN

Buschbohnen werden direkt an ihrem endgültigen Standort angesät. Lassen Sie sich nicht irritieren, wenn sie nicht gleich alle keimen. Einfach neue aussäen, dann klappt die Ernte garantiert.

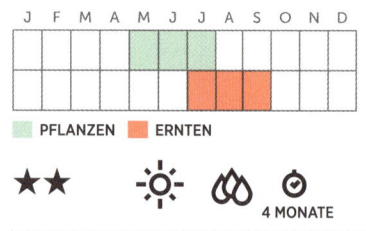

1. Aussäen
Samen in eine 2 cm tiefe und 5 cm breite Rille in einen lockeren Boden säen und 1 cm dick mit feinkrümeliger Erde bedecken. Ausgiebig angießen.

2. Wässern
Bis zum Austrieb gut wässern. Die Erde darf keine trockene Kruste bilden, sonst kommen die Keimlinge nicht richtig durch die Erde.

3. Anhäufeln
Das Anhäufeln von Erde um Sämlinge, die gerade ihr drittes Blatt gebildet haben, muss nicht sein. Es erleichtert das Wässern zwischen den Reihen, doch wachsen sie auch ohne diese Maßnahme.

4. Auf die Blüte warten
Entwickeln sich die Pflanzen gut, blühen sie bereits nach wenigen Wochen. Bis dahin weiter gut wässern, da Bohnen durstig sind.

5. Ernten
Der erste Erntedurchgang sollte erfolgen, sobald die Hülsen 10 cm lang sind. Drei Tage danach die Pflanze erneut abernten.

6. Mehrere Erntedurchgänge durchführen
Bohnen bilden nur dann neue Blüten und Früchte, wenn sie regelmäßig geerntet werden. Bleiben die Schoten zu lange hängen, lässt der Ertrag nach.

AUF EINEN BLICK

- Bohnen tragen etwa 4 Wochen lang.
- Um die Erntezeit zu verlängern, alle 2 Wochen Folgesaaten durchführen.
- Für 4 Personen sind 2 m Buschbohnen ausreichend.

Stangenbohne

FÜR TROCKENBOHNEN

Man kann Stangenbohnen direkt aussäen oder vorziehen und dann auspflanzen. Geerntet werden sie früh als grüne Bohnen (sie schmecken aber nicht so fein wie Buschbohnen) oder später, wenn man die Samen trocknen will.

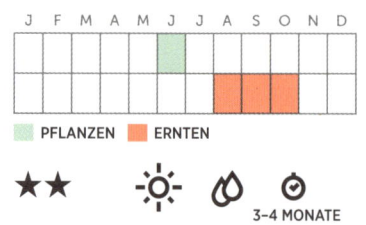

PFLANZEN ERNTEN

★★ ☼ ◊ ⊘ 3–4 MONATE

1a. Aussäen
3–5 Samen in 2 cm tiefe und 5 cm breite Löcher setzen. 1 cm hoch mit feiner Erde bedecken und gut wässern.

1b. Einpflanzen
Vorgezogene Jungpflanzen aus dem Topf nehmen und mit 15 cm Abstand zueinander einpflanzen. Ballen 1 cm tiefer setzen und gut wässern.

2. Konstant feucht halten
Pflänzchen als Gruppe stehen lassen, aber selbst bei hohem Verbrauch höchstens 5 Exemplare pro Gruppe behalten.

3. Stützen
Spätestens wenn sich die schnell wachsenden Triebe bilden, ist eine Kletterhilfe nötig. Entweder einzeln stützen oder zwischen zwei Pflöcke Schnüre mit 50 cm Abstand zueinander spannen.

4. Blühen lassen
Pflanze bis zur Blüte möglichst in Ruhe lassen. Lediglich bei Trockenheit wässern, sobald die Blätter zu hängen beginnen, und die Triebe an ihre Stütze führen.

5. Ernten
Mit der Ernte beginnen, sobald die Triebe trocknen. Bohnen vorerst noch nicht enthülsen, sondern nachtrocknen und dann die Bohnen auspulen.

AUF EINEN BLICK

- Manche Sorten werden wie Buschbohnen als ganze, junge Hülsen gegessen (Schnippelbohnen).
- Ziehen Sie die Triebe an Schnüren aus Naturfasern (wie Hanf), dann können Sie alles zusammen kompostieren.
- Für 4 Personen reicht eine 6-m-Reihe.

Dicke Bohne

FÜR GROSSE GÄRTEN

Dicke Bohnen (auch Ackerbohnen, Saubohnen) sind nicht unbedingt das wichtigste Gemüse im Garten, können aber schon an den ersten schönen Tagen ausgesät werden. Man kann sie auch vorziehen. Sie kommen fast ohne Pflege aus.

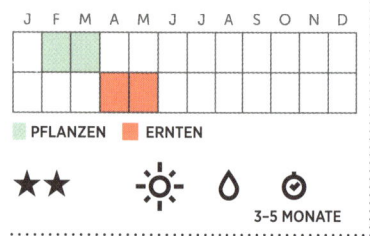

★★ ☀ 💧 ⏱ 3–5 MONATE

1. Aussäen
Die großen Samenkörner 1,5 cm tief mit etwa 6 cm Abstand in feinkrümelige Erde stecken. 1 cm hoch mit Erde bedecken und angießen.

2. Schützen
Schneckenkorn streuen, um die Pflänzchen vor Fraßschäden zu schützen. Wenn Fröste unter −10 °C vorhergesagt sind, die Pflanzen mit Vlies abdecken.

3. Stützen
Pflänzchen stützen, sobald sie größer werden. Das ist etwas aufwendig, erhöht jedoch den Ertrag und spart Platz.

4. Entspitzen
Triebspitzen abzwicken, wenn die neu angesetzten Hülsen mit der Zeit immer kürzer werden. So vermeidet man die Bildung von Hülsen, die fast keine Bohnen mehr enthalten.

5. Ernten
Hülsen frisch und noch grün ernten, wenn Sie zarte Bohnen möchten, oder warten, bis die Hülsen getrocknet sind (getrocknete Bohnen müssen allerdings länger kochen).

GEMÜSE VON A BIS Z

6. Auspflanzen
Dicke Bohnen können auch als Setzlinge gepflanzt werden. Dazu drei Samen pro Topf auf der Fensterbank vorziehen. Diese Methode spart Zeit, wenn man den Aussaatzeitpunkt verpasst hat, denn sät man draußen zu spät, fallen die Samen oft Schädlingen zum Opfer.

AUF EINEN BLICK
- Die Pflanzen neigen dazu, am Ansatz Schösslinge zu bilden. Man kann sie stehen lassen, doch tragen sie nur kurze Hülsen mit wenig Bohnen darin.
- Für 4 Personen braucht man 20 bis 30 Pflanzen.

Erbse

VIER IN EINEM

Erbsen können je nach Sorte mitsamt den grünen, noch zarten Hülsen, später als grüne Erbsen und noch später als Trockenerbsen gegessen werden. Sogar die Keimlinge kann man essen – als Sprossen im Salat!

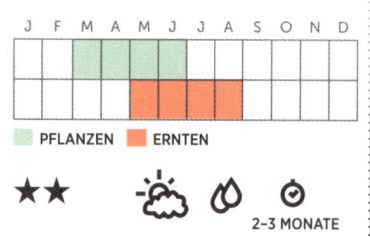

★★   2–3 MONATE

1. Aussäen
Samen mit 5 cm Abstand zueinander in eine 3 cm tiefe Rille säen. Mit einer 5 cm dicken Erdschicht abdecken. Mit Brauseaufsatz wässern.

2. Stützen
Lässt man Erbsen klettern, stellt man Rankhilfen auf, etwa Gitter aus überkreuzten Bambusstäben. Schon vorher aufstellen, nicht erst das Keimen der Samen abwarten.

3. Austrieb beobachten
Die Keimlinge ggf. vor Vögeln schützen, die manchmal sogar schon darauf warten, die Samen auszugraben. Bei Bedarf ein Netz spannen.

4. Anbinden nicht nötig
Erbsen bilden an den Blattspitzen Ranken und klettern von alleine. Bei Bedarf einfach an die Rankhilfe leiten. Für alle Sorten gilt: bei Trockenheit ausgiebig wässern.

5. Hülsen pflücken
Die Hülsen abernten, bevor sie trocknen, denn sonst werden die Erbsen hart und müssen länger garen.

GEMÜSE VON A BIS Z

6. Zuckerschoten
Zuckererbsen ernten, solange die Hülsen flach und die Samen im Inneren noch kaum entwickelt sind. Ansonsten Hülsen weiterreifen lassen und später ernten (wie links, Nr. 5).

AUF EINEN BLICK

- Zwergsorten werden nicht höher als 80 cm. Sie liefern einen geringeren Ertrag und brauchen mehr Platz, weil sie etwas in die Breite wachsen.

- Stangenerbsen klettern und werden bis 1,50 m hoch. Sie haben einen höheren Ertrag.

- Für 4 Personen ist eine 3-m-Reihe ausreichend.

Erdbeere

EINFACH UNVERZICHTBAR

Selbst geerntete Erdbeeren schmecken viel besser als gekaufte. Der Anbau ist einfach und geht fast von alleine. Die Pflanzen sollten aber nach 3 bis 4 Jahren ersetzt werden.

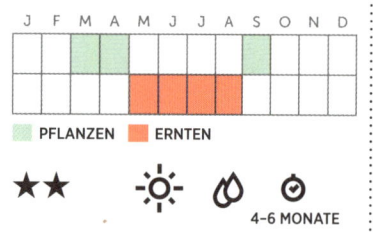

PFLANZEN ERNTEN

★★   ☀   💧   ◷ 4-6 MONATE

1. Mulchfolie auslegen
Umgegrabenen, feinkrümelig geharkten Boden mit Folie abdecken. Alle 30 cm ein Kreuz in die Folie schneiden.

2. Auspflanzen
Kreuze aufklappen, ein kleines Pflanzloch ausheben, die Erdbeerpflänzchen mit Ballen hineinsetzen und Erde zurückfüllen.

IM HERBST
Im Herbst werden die Ausläufer an den Pflanzen entfernt, außerdem alle verletzten und vertrockneten Blätter.

3. Düngen
Sobald sich die ersten Blütenknospen zeigen, Pflänzchen mit Nährstoffen versorgen. Neben den Ansatz jeder Pflanze etwas Düngergranulat streuen. Von oben wässern.

4. Schützen
Sobald die Erdbeeren reifen, das Beet mit einem Netz abdecken. Netz an den Enden gut am Boden befestigen, damit die Vögel nicht darunter hindurchschlüpfen können.

GEMÜSE VON A BIS Z

5. Ernten
Reife Beeren nach und nach ernten. Auch deformierte Früchte abzupfen.

AUF EINEN BLICK

- Pflanzen Sie mehrmals tragende Sorten wie 'Mara de Bois', die bis September Früchte liefern.

- Erdbeeren lassen sich auch ohne Mulchfolie ziehen. Damit die Früchte nicht verschmutzen, mit Stroh mulchen.

- Für 4 Personen braucht man mindestens 12 Erdbeerpflanzen.

Feldsalat

ZART UND DENNOCH ROBUST

Wenn man seinen Gemüsegarten auch im Winter nutzen möchte, gibt es nichts Besseres als Feldsalat, denn er trotzt auch strengen Frösten. Jungpflanzen gibt es nur kurze Zeit im Spätsommer zu kaufen, aber er lässt sich auch gut aussäen.

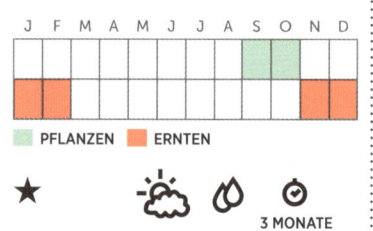

PFLANZEN   ERNTEN

3 MONATE

1. Auswählen
Feldsalat wird als Setzling mit Ballen gekauft und auch genauso eingepflanzt. Er ist allerdings nur kurze Zeit im Handel erhältlich.

2. Abstand halten
Pflänzchen mit 10 bis 20 cm Abstand zueinander setzen. Eine einzige Feldsalatpflanze kann tellergroß werden, bleibt auf Sandböden aber nur halb so groß.

3. Einpflanzen
Mit dem Pflanzholz ein Loch in die Erde drücken und den Setzling einpflanzen. Etwas Erde an den Ballen häufeln und angießen. Ist es noch warm, Kultur mit einem Netz schützen.

4. Jäten
Alle 3 Wochen mit einer Hacke zwischen den Reihen jäten. Mehr Pflege ist nicht notwendig.

5. Pflege im Winter
Feldsalat verträgt strengen Frost. Er wächst sogar im Winter, allerdings nur, wenn es nicht friert. In dieser Zeit braucht er keine Pflege.

GEMÜSE VON A BIS Z

6. Ernten
Ab März nach Bedarf ernten, bevor die Pflanzen zu blühen beginnen. Die Rosetten dabei mit dem Messer abschneiden.

AUF EINEN BLICK
- Feldsalat bevorzugt leichte Böden. Arbeiten Sie daher in lehmige Böden etwas Sand ein.
- Für eine vierköpfige Familie reichen 12 bis 15 Pflanzen.

Fenchel

ZART & AROMATISCH

Knollen- oder Gemüsefenchel bildet eine fleischige Knolle und wird roh oder gekocht gegessen. Achten Sie beim Kauf von Samen oder Setzlingen, dass es Gemüse- und kein Gewürzfenchel ist.

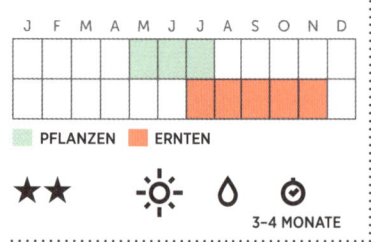

1. Einpflanzen
Setzlinge ins Freie setzen, sobald sie im Handel erhältlich sind. Ansatz der Pflänzchen 1 cm tief in feinkrümelige, lockere Erde setzen.

2. Wässern
Gleich nach dem Einpflanzen wässern, dann richten sich die Blätter wieder auf. Später immer dann wässern, wenn die Bodenoberfläche austrocknet.

3. Wachsen lassen
Es reicht, regelmäßig zu jäten und zu gießen. Fenchel braucht weder Dünger noch ist er anfällig für Krankheiten.

4. Anhäufeln
In manchen Anbaugebieten ist es üblich, die Erde um den Ansatz der Pflanzen bis zu 10 cm hoch anzuhäufeln. Das ist nicht unbedingt notwendig, ergibt jedoch eine hellere Knolle.

5. Vorsicht vor dem Schossen!
Fenchel verträgt kurzzeitig Wassermangel, neigt aber dann zum Schossen. Sobald die Knollen länglich zu wachsen beginnen, muss schnell geerntet werden.

GEMÜSE VON A BIS Z

6. Ernten
Fenchel ernten, sobald die Knolle schön rund ist und noch bevor sie länglich wird. Sie hält draußen nicht lange.

AUF EINEN BLICK
- Steht Fenchel zu eng (weniger als 15 cm Abstand), kann er vorzeitig blühen.
- Das Laub ist in der Küche als Gewürz verwendbar.
- 4 Personen sind mit etwa 10 Pflanzen gut versorgt.

Gurke

LIEFERT HOHE ERTRÄGE

Salat- und Einlegegurken unterscheiden sich nur dadurch, dass Erstere lang und glattschalig, Letztere dagegen klein und warzig sind. Angebaut werden sie gleich. Für beide aber gilt: Sie müssen rechtzeitig geerntet werden!

J	F	M	A	M	J	J	A	S	O	N	D

■ PFLANZEN   ■ ERNTEN

2–3 MONATE

1. Einpflanzen
Setzling so in die Erde setzen, dass die unteren 2–3 cm des Triebs mit Erde bedeckt sind.

2. Wässern
Gut anwässern, damit die Erde direkt an den Stiel geschwämmt wird. Dann bilden sich dort zusätzliche Wurzeln. Leicht feucht halten, aber Staunässe vermeiden.

3. Stützen
Trieb an einer Stütze hochziehen, falls der Platz knapp ist. Man kann Gurken auch kriechend wachsen lassen, doch ist die Ernte einfacher, wenn sie an einer Stütze hochwachsen.

4. Anbinden
Die Triebe nach und nach an ihre Stütze binden, je länger sie werden. Vorsicht: nicht zu fest knoten, da die Triebe empfindlich sind und leicht brechen.

5. Seitentriebe kappen
Seitentriebe kappen, damit sich ein langer, nicht zu stark verzweigter Haupttrieb bildet.

GEMÜSE VON A BIS Z

6. Nach Bedarf ernten
Früchte am besten ernten, bevor sie voll entwickelt sind. So bleiben sie zarter, haben keine Kerne und lassen sich sogar mit der Schale essen.

AUF EINEN BLICK
- Einlegegurken werden wie Salatgurken angebaut, aber weder geschnitten noch gestützt und häufiger abgeerntet.
- Es gibt zwei Formen von Salatgurken: kurze, stachelige und lange, stachellose. Erstere schmecken und tragen besser, Letztere sind leichter zu verwerten.
- Für eine vierköpfige Familie reichen 3 Pflanzen.

Himbeere

TRÄGT ZUVERLÄSSIG

Selbst wenige Ruten liefern zuverlässig ein paar Handvoll Beeren. Himbeersträucher wachsen im Halbschatten, wo andere Obstgewächse nicht mehr so gut gedeihen. Sie haben eine Lebensdauer von über zehn Jahren.

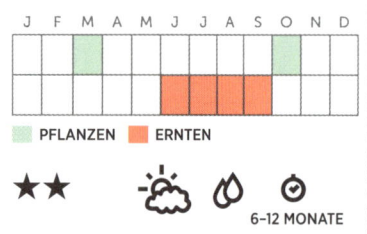

1. Einpflanzen
Pflänzchen in einen 25 cm tiefen und breiten Graben setzen. Graben mit Erde auffüllen, in die Humus eingearbeitet wurde.

2. Stützen
Entlang der Reihe eine Stütze aufstellen, die die Ruten aufrecht hält. Dazu Pflöcke einschlagen und zwei Schnüre dazwischen spannen.

3. Schneiden
Ruten im Frühjahr um etwa ein Drittel einkürzen. Wenn Sie es nicht tun, ist das allerdings auch nicht schlimm – die Himbeeren wachsen trotzdem.

4. Überflüssige Triebe entfernen
Frische, unerwünschte Triebe abschneiden, die sich entlang der Reihe bilden. Auch das ist nicht unbedingt notwendig, verhindert aber, dass die Kultur zu dicht wird.

5. Abgetragene Ruten schneiden
Zum Sommerende Ruten, die keine Früchte mehr tragen, bis zum Boden zurückschneiden. Man kann sie auch später schneiden, darf sie dann aber nicht mit frischen Ruten verwechseln.

6. Ernten
Die Beeren nach Bedarf abernten, sobald sie reif sind. Vorher noch die Sträucher mit einem Netz vor Vögeln schützen.

AUF EINEN BLICK
- Himbeeren mögen keinen Kalkboden.
- Pflanzen Sie remontierende, also mehrmals tragende Sorten. Sie liefern bis Anfang November immer neue Früchte, wenngleich der Ertrag nachlässt.
- Für 4 Personen reichen 8 Pflanzen.

Kapstachelbeere

VITAMINKUGELN

Kapstachelbeeren (Physalis) sind recht eigenwillig und fordern etwas Aufmerksamkeit. Ihre von einer papierartigen Hülle umschlossenen Früchte werden im Herbst reif und halten lange.

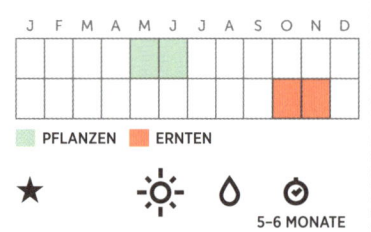

5–6 MONATE

1. Einpflanzen
Setzlinge möglichst bald nach dem Kauf einpflanzen, denn Kapstachelbeeren wachsen langsam. Für nährstoffreiche, lockere Böden sorgen. Ballen 1 cm unter Bodenniveau setzen.

2. Wässern
Gut wässern, bis die Pflanze angewachsen ist. Danach nur noch bei längerer Trockenheit gießen.

3. Geduld haben
Kapstachelbeeren blühen zwar bald, doch bis zur ersten Ernte vergehen dann viele Wochen.

4. Ernten
Die Früchte abzupfen, sobald die lampionartige Hülle zu vertrocknen beginnt. Man kann sie lagern oder sofort essen.

5. Lagern
Die Früchte bei 15 bis 18 °C einlagern. So können sie bis Januar halten.

GEMÜSE VON A BIS Z

AUF EINEN BLICK
- Die ähnlichen Früchte der farbenfrohen Lampionblume, einer Zierpflanze, sind nicht genießbar.
- Die Beeren können sich in warmen Gegenden selbst aussäen, reifen aber dann meist zu spät.
- Für 4 Personen rechnet man mit 2 Pflanzen.

Kartoffel

GEMÜSE FÜR FAULE

Pflanzen, vergessen, ernten: Das ist so ziemlich alles, was man tun muss, um Kartoffeln ernten zu können. Ab Ende März Pflanzkartoffeln vorziehen: Einfach in Eierkartons hell und warm aufstellen, bis sie austreiben.

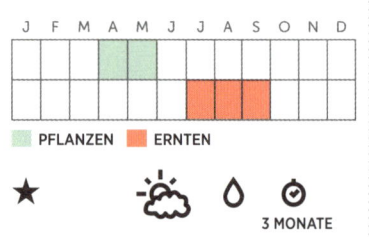

3 MONATE

1. Loch graben
Alle 40 cm ein 10 cm tiefes Loch dort ausheben, wo die Kartoffeln gepflanzt werden sollen.

2. Setzen
In jedes Loch eine Kartoffel setzen. Entweder quer oder mit den Trieben nach oben in das Loch setzen. Das Ergebnis ist in beiden Fällen das gleiche.

3. Auffüllen
Pflanzloch komplett wieder mit Erde füllen. Die Knollen sollten mindestens 5 cm hoch mit Erde bedeckt sein. Nicht wässern.

4. Austreiben lassen
Die Triebe auch nach dem Erscheinen wachsen lassen, ohne zu wässern. Bis die Pflänzchen mindestens 20 cm hoch sind, muss nichts getan werden.

5. Mulchen
Boden um die Pflanzen mulchen. Oft wird geraten, die Erde um die Triebe 10 cm hoch anzuhäufeln, doch ist das nicht unbedingt notwendig.

GEMÜSE VON A BIS Z

6. Ernten
Entweder bereits 2 Wochen nach der Blüte ernten oder warten, bis das Kraut zu welken beginnt. Dazu den Boden mit einer Hand- oder Grabgabel durchwühlen und die Knollen herausheben.

AUF EINEN BLICK
- Man kann Kartoffeln sukzessive bis Mitte Juli pflanzen. Dann können Sie monatelang zarte Frühkartoffeln ernten.
- Bei Trockenheit wässert man, damit der Ertrag nicht beeinträchtigt wird.
- 4 Personen sind mit 20 Pflanzen gut versorgt.

EMPFEHLENSWERTE KARTOFFELSORTEN UND IHRE VERWENDUNG

Man kann sie braten, pürieren, in Eintöpfen kochen oder pellen: Jede Kartoffelsorte hat in der Küche ihre Vorzüge.

BLAUER SCHWEDE
Es gibt mehrere Sorten mit blauem oder violettem Fleisch, darunter auch die bekannte Vitelotte. Sie werden zu farbigen Chips oder ungewöhnlichem Püree verarbeitet, da sie ihre Farbe auch nach dem Erhitzen behalten.

MISS BLUSH
Eine hübsche rosa Sorte mit weißen Flecken, die Kinder besonders gern ausgraben. Sie ist klein und nur mittelmäßig ertragreich, aber eine echte Gourmetkartoffel, was den Geschmack betrifft.

LA RATTE
Eine festkochende Gourmetkartoffel mit länglicher Form. Sie liefert nur einen mäßigen Ertrag, der aber für eine Familie völlig ausreicht.

KING EDWARD
Eine hübsche Sorte mit rosa Flecken, die vielfältig einsetzbar ist und wenig Ansprüche stellt. Sie verliert ihre Flecken beim Schälen.

ROSA TANNENZAPFEN
Wie 'La Ratte'[1] eine längliche Sorte, die aber höhere Erträge bringt und eine etwas unregelmäßige Form hat. Sie lässt sich schwer schälen, schmeckt aber sehr gut und ist widerstandsfähig gegen Krankheiten.

ROSARA
Eine Sorte mit rosa, fast roter Schale und gelbem Fleisch. Sie ist in der Küche vielseitig verwendbar.

SARPO MIRA
Eine hellrote Schale und weißes Fleisch zeichnen diese sehr gegen Krankheiten widerstandsfähige Sorte aus. Sie wird spät (ab Ende August) geerntet und ist ausgesprochen ertragreich.

MONALISA
Die ovale, weiße Sorte hat einen guten Ertrag und ist vielseitig einsetzbar, aber eher für Püree als für Fritten geeignet. Ein Klassiker.

Knoblauch

WÄCHST FAST VON ALLEINE

Es gibt kaum ein Gemüse, das weniger Pflege braucht, als Knoblauch. Stecken, warten, ernten. Für den Eigenanbau spricht außerdem, dass er jung geerntet milder schmeckt.

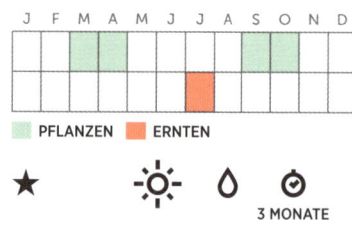

1. Boden vorbereiten
Boden etwa 15 cm tief aufharken, um größere Steine und Unkraut herauszuholen. Eine rund 5 cm tiefe Rille ziehen.

2. Zehen einpflanzen
Zehen mit der Spitze nach oben in den Boden setzen, sodass die Spitze etwa 2 cm tief unter der Erde ist. Rille auffüllen. Erde weder andrücken noch wässern.

BÄRLAUCH
Diesen Vetter des Knoblauchs kauft man am besten als Topfpflanze. Er wird ähnlich wie Schnittlauch verwendet und auch genauso kultiviert. Bärlauch bildet Zwiebelchen, die man wie Knoblauch genießen kann. Er schmeckt milder als sein scharfer Verwandter.

3. Die Natur walten lassen
Knoblauch wächst ganz von alleine. Daher lediglich Unkraut jäten, das die Knoblauchtriebe überwuchert, da sie viel Sonne brauchen.

GEMÜSE VON A BIS Z

4. Ernten
Knoblauch erst ernten, wenn das Laub völlig vertrocknet ist. Erde mit einer Grabegabel lockern, dann am Schopf herausziehen und im Keller zum Trocknen aufhängen.

AUF EINEN BLICK
- Knoblauch verträgt weder schwere noch sehr sandige (magere) Erde.
- Für eine vierköpfige Familie reichen 10 Zehen.
- Das Laub lässt sich wie Schnittlauch verwenden, schmeckt aber intensiv nach Knoblauch!

Kohl

VIELFÄLTIG UND BEGEHRT

Kohl ist einfach zu pflanzen, braucht aber viel Unterstützung gegen seine zahlreichen Feinde. Doch der hohe Ertrag lohnt den Aufwand.

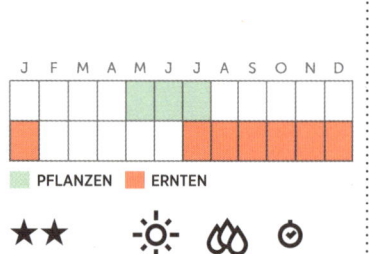

PFLANZEN   ERNTEN

★★   ☼   ◊◊   ⏱ 3–6 MONATE

1. Pflanzloch ausheben
In umgegrabener und feinkrümelig geharkter Erde ein nicht allzu tiefes Pflanzloch ausheben. In der Regel reicht ein einziger Schaufelstich.

2. Pflanze einsetzen
Setzling so in das Loch pflanzen, dass der Ballen und ein Drittel des Triebs mit Erde bedeckt sind. Erde ggf. etwas um das Pflänzchen anhäufeln und festdrücken, um den Trieb zu stützen.

3. Ausgiebig wässern
Kohl ist durstig. Wenn er während der Wachstumssaison austrocknet, dann werden die Köpfe unansehnlich (und krankheitsanfälliger).

4. Vor Schädlingen schützen
Gegen Raupen des Kohlweißlings vorbeugend mit einem umweltfreundlichen Mittel wie *Bacillus-thuringiensis*-Präparaten spritzen. Anfällig sind alle Kohlsorten.

5. Wirsing als Erstes ernten
Diese Kohlsorte vor anderen ernten, sobald ihr Kopf einen Durchmesser von 15 cm erreicht. Lässt man Wirsing zu lange draußen, lockt man nur Schädlinge an.

GEMÜSE VON A BIS Z

6. Im Winter ernten
Im Winter einzelne Köpfe nach Bedarf ernten, aber nicht bis zu den ersten strengen Frösten warten, da sie sonst faulen, vor allem wenn sie vorher von Kohlweißlingsraupen befallen waren.

AUF EINEN BLICK
- Kohl mag nährstoffreiche Böden. In sandiger (leichter) Erde düngt man Kohl wie Knollensellerie.
- Für 4 Personen rechnet man je nach Sorte (siehe die nächsten Seiten) mit etwa 12 Köpfen.

DIE WICHTIGSTEN KOHLSORTEN

Die Bandbreite an Wuchsformen ist bei Kohl ebenso groß wie die Zahl der Rezepte, in denen man ihn einsetzen kann. Manche Sorten werden ganz, andere Blatt für Blatt geerntet.

ROSENKOHL
Ganz gleich, ob man ihn mag oder nicht, er gehört zu den besten Wintergemüsesorten und ist sehr frosthart. Nicht kultivieren sollte man ihn auf leichten Böden, denn er braucht viel Dünger und kümmert auf Sandboden leicht.

WIRSING
Mit seinen runzeligen Blättern ist er unverkennbar. Ein guter Winterkohl, der recht langsam wächst und den man schon im Frühjahr pflanzen kann, sofern man Setzlinge auftreibt. Gegen Schädlinge ist er kaum anfällig.

WEISSKOHL
Der Klassiker unter den Kohlsorten, saftig und leicht zu kochen. Er wird leicht von den Raupen des Kohlweißlings befallen, wächst aber schnell heran.

BLUMENKOHL
Ein weiterer Klassiker, den es in Weiß, Rosa, Grün oder Gelb gibt. Erntereif ist er etwa zwei Monate nach dem Einpflanzen. Eine der pflegeleichtesten Kohlsorten. Muss aber gut gewässert werden und braucht viel Sonne.

SPITZKOHL
Er bildet einen kegelförmigen Kopf, ist sehr zart und bei Gourmets begehrt. Spitzkohl reift rasch, ist jedoch ein Sommerkohl, der keinen Frost verträgt.

ROTKOHL
Er wächst sehr langsam, kann aber bis Januar im Freiland bleiben. Für Krankheiten ist er weniger anfällig als andere Sorten.

PAK CHOI
Pak Choi ist ein Blattkohl. Er ist zart und wächst schnell, unterscheidet sich im Geschmack aber von anderen Sorten und braucht auch mehr Wasser als sie. Eng mit ihm verwandt ist Chinakohl.

GRÜNKOHL
Grünkohl ist ein wahres Superfood. Man kann ihn roh essen oder für Pfannengerichte verwenden. Er lässt sich bis in den März hinein ernten und braucht weniger Licht als andere Kohlsorten. Kurzum: Grünkohl ist der pflegeleichteste Kohl – und der schönste!

Kürbis

FÜR DIE HERBSTERNTE

Im Gegensatz zu Zucchini tragen Kürbispflanzen wie der Hokkaidokürbis nur einmal, nämlich am Ende der Saison. Sie brauchen viel Platz.

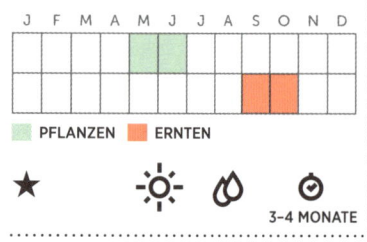

PFLANZEN ERNTEN

3–4 MONATE

1. Einpflanzen
Kürbisse wie Zucchini nach den letzten Frösten auspflanzen. Von Anfang an genug Platz einplanen: rund 1,5 m Abstand zwischen den Setzlingen halten.

2. Reichlich wässern
Leidet ein Kürbis unter Wassermangel, lockt er Schnecken an. Daher sofort ausgiebig gießen, sobald die Pflanzen beginnen, die Blätter hängen zu lassen.

3. Mulchen
Boden um die Kürbispflanzen mit Karton, Rasenschnitt, Stroh usw. mulchen. Je feuchter ihr Wurzelraum bleibt, desto schöner und größer werden die Früchte.

4. Triebe leiten
Kürbisse können im Lauf der Saison über 10 m lange Triebe bilden. Triebe daher so führen, dass sie sich nicht ungebührlich ausbreiten und im Weg sind.

5. Ernten
Früchte ernten, sobald sie reif sind – man erkennt sie daran, dass der Stiel korkig auszusehen beginnt, was oft ab Mitte September der Fall ist. Alle Früchte auf einmal ernten.

GEMÜSE VON A BIS Z

AUF EINEN BLICK

- Kürbisse tragen je nach Sorte zu unterschiedlichen Zeiten.
- Für eine vierköpfige Familie rechnet man mit 2 bis 4 Pflanzen.
- Die Früchte halten 2 bis 5 Monate.
- Lagert man Kürbisse nach der Ernte noch 1 Monat liegen, schmecken sie und aromatischer.

KLASSISCHE KÜRBISSE: GROSSE FORMENVIELFALT

Kürbisse gibt es in den verschiedensten Farben und Formen. Kinder freuen sich über die lustigen Früchte. Sie sollten sich aber die schmackhaftesten Sorten heraussuchen!

PATISSON
Dieser hübsche Kürbis wird wie eine Zucchini gegessen. Jung isst man ihn ungeschält, ältere Exemplare besser schälen. Er braucht wenig Platz.

RIESENKÜRBIS
Die wohl häufigste Sorte ist der 'Rote Zentner'. Riesenkürbisse halten nicht so lange wie Hokkaidokürbisse, liefern aber sehr große Früchte mit einem Gewicht von bis zu 10 kg.

HOKKAIDOKÜRBIS
Ein weiterer Klassiker. Hat er einmal erfolgreich eingewurzelt, wächst er praktisch von allein. Wässert man ihn im Sommer gut, bildet er größere Früchte bis 1,5 kg. Die Pflanze braucht ziemlich viel Platz.

JACK BE LITTLE
Der klassische Halloween-Kürbis. Er schmeckt nicht unbedingt am besten, ist jedoch bei Kindern der Hit und bildet keine allzu großen Büsche.

MOSCHUSKÜRBIS
Ein Riesenkürbis mit sehr großen Früchten, die zudem lange halten. Man verarbeitet ihn gern zu Suppen. Er braucht viel Platz und eignet sich daher nur für große Nutzgärten.

BLAUE BANANE
Eine Kuriosität unter den blauen Kürbissen (die in Wirklichkeit eher graugrün sind). Er wird gelegentlich als Setzling angeboten und schmeckt nicht so gut wie der Hokkaidokürbis, aber besser als Riesenkürbisse.

Lauch

UNKOMPLIZIERTES WINTERGEMÜSE

Ob als Setzling im Topf oder wurzelnackt, Lauch oder Porree ist ein Gemüse für Faule. Seine wenigen Feinde abwehren – mehr ist nicht zu tun. Geerntet werden können die Stangen bis in den März.

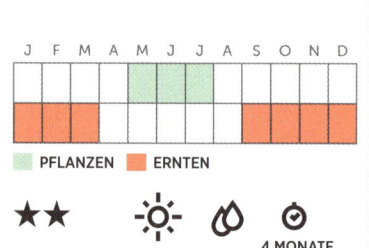

PFLANZEN ERNTEN

★★   ☀   💧   ⏱ 4 MONATE

1. Der richtige Start
Setzlinge als Bündelware sind bereits gut entwickelt, doch muss man sie gut wässern und ihr Laub um die Hälfte kürzen. Mit Ballen sind sie noch kleiner, wachsen aber ebenso gut an.

2. Einpflanzen
Ein 5 bis 10 cm tiefes Loch in die Erde drücken. Lauchstange bis zur Grenze von Grün und Weiß hineinsetzen. Loch mit Erde auffüllen, um die Stange aber eine leichte Vertiefung lassen. Wässern.

3. Pflegen
Wässern, wenn die Erdoberfläche austrocknet. Darauf achten, dass die Pflanzen nicht beschattet werden. Nach Bedarf jäten.

4. Im Sommer schützen
Ab Ende Juni ein feinmaschiges Insektennetz mit 1 mm Maschenweite gegen die Lauchminierfliege spannen, vor allem in kühlen Gegenden.

5. Im Herbst schützen
Um die Stangen herum den Boden mit Herbstlaub mulchen. So lassen sich die Stangen bei Frost leichter ernten.

GEMÜSE VON A BIS Z

6. Ernten
Die Stangen nach Bedarf aus dem Boden ziehen. Wenn Stangen von Mäusen angefressen wurden, das ganze Beet komplett abernten.

AUF EINEN BLICK

- Eine vierköpfige Familie ist mit 40 Pflanzen bestens versorgt.
- Lauch gedeiht nicht gut in sandiger Erde.
- Er verträgt Frost.

Mangold

DAS IDIOTENSICHERE GEMÜSE

Mangold liefert gleich zwei Gemüse: feine Blätter und feste Rippen, die wie Spargel verwendet werden. Auch sonst ist Mangold ein unkompliziertes Gemüse, das guten Ertrag garantiert.

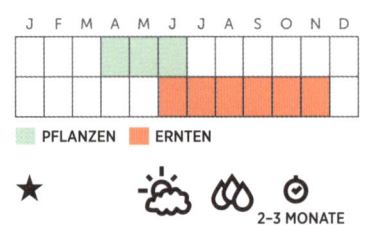

1. Jungpflanzen setzen
Sie können schneller geerntet werden und liefern bessere Erträge. Ein Loch graben, das groß genug für den Ballen ist, und einpflanzen. Um den Ballen Erde anfüllen.

2. Reichlich wässern
Mangold braucht vor allem am Anfang viel Wasser. In sandigen, also leichten Böden, muss besonders häufig bewässert werden.

3. Mulchen
Die Erde um die Pflanzen mulchen, um die Verdunstung von Bodenfeuchtigkeit zu verringern, Unkraut zu unterdrücken und das Verschmutzen der Blätter bei Regen zu verhindern.

4. Jung ernten
Für die Zubereitung wie Spinat die Blätter nicht zu groß werden lassen, denn jung schmecken sie besser.

5. Später ernten
Um die dickeren Rippen zu ernten, ist Geduld gefragt. Blätter idealerweise durch Abbrechen knapp über der Basis ernten, damit neue nachwachsen. Vor dem ersten Frost komplett ernten.

6. Weiß oder bunt
Farbiger Mangold hat oft etwas kleinere Rippen als weißer, ist dafür aber dekorativer. Ansonsten werden alle Sorten gleich angebaut und schmecken auch gleich.

AUF EINEN BLICK
- Mangold gedeiht besonders gut in Erde, in die ein Monat vor dem Bepflanzen gut verrotteter Kompost eingearbeitet wurde.
- Mangold kann bis zum ersten Frost im Freiland bleiben, muss dann aber schnell geerntet werden.
- Für eine vierköpfige Familie rechnet man mit 3 bis 5 Pflanzen.

Melone

MELONEN MÖGEN'S HEISS

In sonnenreichen, warmen Gegenden können Melonen im Freiland angebaut werden. Andernorts zieht man sie besser unter Glas, was aber nicht unbedingt rentabel ist.

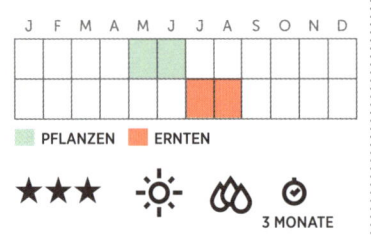

PFLANZEN ERNTEN

★★★   ☀   💧   ⏱ 3 MONATE

1. Einpflanzen
Melonen vertragen keine Kälte und werden daher erst nach dem letzten Frost gepflanzt – am besten zur gleichen Zeit wie Auberginen. Ihren Ballen 2 cm tief setzen.

2. Wässern
Nicht nur gleich nach dem Einpflanzen wässern, sondern auch danach regelmäßig, denn wenn das Erdreich am Anfang der Saison immer feucht bleibt, bilden sich schönere Früchte.

3. Schützen
Sollte es noch einmal kalt werden, die Pflanzen mit einem transportablen Frühbeet oder Gartenvlies abdecken, damit das Wachstum nicht gebremst wird.

4. Triebe kürzen
Während des Fruchtansatzes Triebe kürzen, die in angrenzende Kulturen hineinwachsen. Die Melonen reifen auch, wenn sie unter Blättern verborgen liegen.

5. Reifung fördern
Die letzten Früchte etwas erhöht platzieren, etwa auf einem Topf oder einem Ziegelstein, um ihre Ausreifung zu fördern.

GEMÜSE VON A BIS Z

6. Ernten
Die Früchte ernten, wenn der Stiel am Ansatz feine Risse bekommt. In diesem Zustand schmecken sie am besten.

AUF EINEN BLICK
- Wassermelonen werden ebenso kultiviert, sind allerdings wesentlich kapriziöser. Beim ersten Mal sollte man nicht zu viel erwarten!
- Für eine vierköpfige Familie sollte man mit 2 bis 4 Pflanzen rechnen.

Möhre

WURZELN IN VIELEN FORMEN

Möhren (Karotten) werden immer ausgesät. Man kann das Saatgut lose oder in Form von Saatbändern kaufen. Es keimt zwar recht langsam, doch spitzen die Sämlinge erst einmal aus der Erde, haben Sie schon gewonnen!

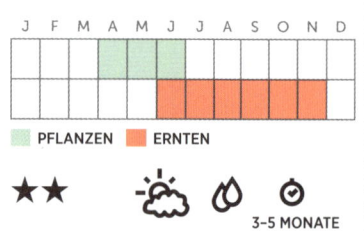

★★   3–5 MONATE

1. Aussäen
Eine 2 cm breite und tiefe Rille ziehen. Darin Samen mit einem Abstand von etwa 1 cm zueinander säen und dünn (ca. 5 mm) mit Erde abdecken.

2. Ausdünnen
Sämlinge 3 Wochen nach dem Aufgehen auf ein einziges Pflänzchen alle 5 cm ausdünnen. Das mag schwerfallen, aber nur so ernten Sie schöne, dicke Möhren.

3. Wässern
Junge Möhrenpflänzchen wässern, sobald die Bodenoberfläche trocken ist. Allerdings lieber öfter wenig gießen als einmal zu reichlich, dann platzen die Möhren nämlich.

4. Pflegen und schützen
Möhren regelmäßig jäten. Damit die Möhrenfliege die Wurzeln nicht befällt, die Beete mit einem Insektennetz schützen.

5. Ernten im Sommer
Alle Möhren, ob groß oder klein, auf einmal ernten. Was nicht groß geworden ist, wird es auch nicht mehr, weshalb es besser ist, den Platz für Neues freizumachen.

GEMÜSE VON A BIS Z

6. Ernten im Winter
Möhren nach Bedarf einzeln aus der Erde holen oder alle auf einmal ernten. Zum Einlagern in feuchten Sand einschlagen.

AUF EINEN BLICK
- Eine 2 m lange Möhrenreihe reicht für eine vierköpfige Familie.
- Möhren mögen leichtes Erdreich und vertragen keine feuchten Böden.
- Schädlinge: Mäuse, Maden der Möhrenfliege.
- Es gibt Sorten in verschiedenen Farben.

Radicchio & Co.

KNACKIG UND ROBUST

Wenn Salate auf dem Markt teurer werden, sind Wintersorten aus dem Garten sehr willkommen. Man findet ihre Setzlinge ab Ende August im Handel. Geerntet werden können sie ab Anfang Oktober. Allerdings vertragen sie Frost nicht sonderlich gut.

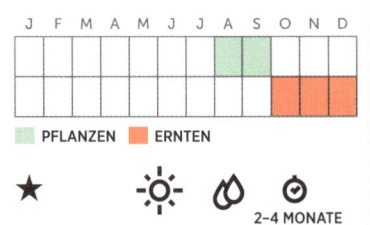

PFLANZEN   ERNTEN

2–4 MONATE

1. Vorbereiten
Etwa alle 40 cm ein Loch ausheben, das groß genug für den Ballen der Setzlinge ist.

2. Einpflanzen
Pflänzchen in das Loch setzen, Erde zurückfüllen und festdrücken. Vorsicht: Nicht zu tief setzen, sonst „schießt" der Salat, bildet also keinen Kopf.

3. Ausgiebig wässern
Reichlich gießen, vor allem bei Hitze. Erde feucht halten, bis es etwas kühler wird.

4. Vor Schnecken schützen
Die Pflänzchen vor Schnecken schützen, entweder mit Schneckenkorn oder einem Schutzwall aus Holzasche.

5. Vor Kälte schützen
Pflanzen mit Abdeckungen aus Gartenvlies vor Kälteeinbrüchen schützen. Vlies idealerweise so spannen, dass es sich 30 cm über den Pflanzen befindet.

GEMÜSE VON A BIS Z

6. Ernten
Vor dem ersten Frost die Köpfe ernten, falls sie schon fest genug sind. Unter −7 °C erfrieren auch Wintersalate.

AUF EINEN BLICK
- Wintersalate können Blatt für Blatt geerntet werden. Das ist besonders bei Exemplaren sinnvoll, die keine Zeit mehr hatten, voll auszureifen.
- Für eine vierköpfige Familie sind je nach Essgewohnheiten etwa 12 Salate ausreichend.

Radieschen

DIE SPRINTER

Radieschen sind das Gemüse, mit dem man oft seine ersten Gehversuche als Nutzgärtner macht, denn die Aussaat liefert im Nu Resultate. Wichtig ist aber nicht das Aussäen selbst, sondern das Ausdünnen.

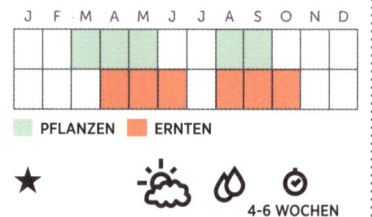

PFLANZEN   ERNTEN

★   4-6 WOCHEN

1. Rille ziehen
Eine 1 cm tiefe Rille mit einer Hacke ziehen oder mit dem Stiel eines Werkzeugs in den Boden drücken.

2. Aussäen
Samen mit 3 cm Abstand aussäen. Samen 5 mm hoch mit Erde abdecken und mit Brauseaufsatz wässern.

3. Wässern
Boden durch regelmäßiges Wässern dauerhaft feucht halten. Trocknet er aus, werden die Radieschen holzig und scharf.

4. Ausdünnen
Zu eng stehende Pflänzchen ausdünnen, sodass nur ein Exemplar alle 3 cm stehen bleibt. Wachsen Radieschen zu dicht, bilden sie keine Knollen.

5. Pflegen
Ein Auge auf die wachsenden Rettiche haben, denn die Wurzeln werden rasch größer. Erde stets feucht halten.

6. Ernten
Wurzeln nach Bedarf aus dem Boden ziehen, wenn sie reif sind. Sobald sie zu schossen beginnen, rasch alle ernten.

AUF EINEN BLICK

- Radieschen werden umso schärfer, je stärker sie unter Wassermangel gelitten haben und je mehr sie von Schnecken angefressen wurden.
- Etwa alle 10 Tage Folgesaaten aussäen.
- Für 4 Personen reicht eine Reihe von 1 m.

RADIESCHEN UND RETTICHE

Ob lang oder rund, bunt oder weiß, Rettiche gibt es in vielen Farben und Formen. Allerdings haben fast alle den gleichen Geschmack.

ROSE DE CHINE
Ein großer Rettich mit rosafarbener, spitzer Wurzel. Er braucht Böden, die bis in 30 cm Tiefe umgegraben wurden, und ist ideal für eine Herbsternte, da er leichten Frost verträgt (bis Anfang November sollte er aber geerntet sein). Ausgesät wird im August.

REGENBOGENMISCHUNGEN
Samenmischungen mit Radieschen in vielen Farben sind ideal für Kinder, die sie mit Begeisterung anbauen und ernten. Sie werden im Frühjahr oder zum Sommerende ausgesät.

GEMÜSE VON A BIS Z

OSTERGRUSS
Wie der Name schon sagt, erntet man ihn früh, weil er schon ab Ende März ausgesät wird. Damit er nicht krumm wächst oder die Wurzel verzweigt, sollte der Boden tiefgründig locker sein oder vorher umgegraben werden.

SCHWARZER WINTERRETTICH
Dieser Winterrettich wird fast wie Speiserüben kultiviert. Er verträgt Frost, ist aber scharf und hat ein festes Fleisch. Man sät ihn im Sommer aus.

GREEN MEAT
Eine grüne Variante des Winterrettichs, die jedoch milder ist. Sie wird gerieben oder in dünne Scheiben geschnitten genossen. Eine sehr unkomplizierte Sorte. Man kultiviert sie wie den Schwarzen Winterrettich.

RUNDER WEISSER
Eine weiße, zarte und milde Sorte. Man kann sie vom Frühjahr bis zum Sommer aussäen. Sie braucht viel Wasser. Gegessen wird dieser Rettich wie Speiserüben.

MALAGA
Ein rundes, rotviolettes Radieschen, das fast Weintrauben ähnelt. Kinder mögen es besonders, und es ist recht frosthart.

ZLATA
Ein gelbes Radieschen, das ein bisschen wie eine kleine Speiserübe aussieht. Es hat eine raue, feste Schale. Man kann dieses Radieschen besonders gut im Sommer aussäen, denn es neigt kaum zum Schossen.

Rhabarber

FÜR KÜHLE ECKEN

Rhabarber ist mehrjährig, wird also nicht jedes Jahr neu gepflanzt. Wenn es ihm an einem Standort gefällt, liefert er lange und regelmäßig viele Stangen. Bis man aber das erste Mal ernten kann, vergehen knapp drei Jahre.

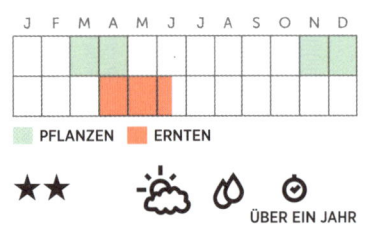

PFLANZEN   ERNTEN

★★   ÜBER EIN JAHR

1. Standort wählen
Rhabarber einen Platz zuweisen, der im Sommer am längsten feucht bleibt. Boden 40 cm tief lockern.

2. Einpflanzen
Setzling einpflanzen, ohne den Ballen zu tief zu setzen – er muss leicht aus dem Boden herausragen. Erde andrücken und reichlich wässern.

3. Wachsen lassen
Pflanze in Ruhe lassen, lediglich im ersten Jahr gut und gründlich jäten.

4. Ernten
Wenn der Setzling beim Kauf sehr robust und gesund war, lassen sich die ersten Stangen schon im zweiten Jahr ernten, sonst warten Sie besser bis zum dritten Standjahr.

5. Stangen abbrechen
Die Blätter mitsamt Stielen am Ansatz abdrehen. Nie mehr als ein Viertel der Blätter pro Pflanze ernten.

GEMÜSE VON A BIS Z

6. Blüten entfernen
Entstehende Blütenstängel entfernen, da die Pflanze sonst keine neuen Blätter mehr bildet.

AUF EINEN BLICK
- Rhabarber wird bis etwa zum 24. Juni (Johannistag) geerntet. Danach enthalten die Stiele zu viel Oxalsäure und sind nicht mehr bekömmlich.
- Für eine vierköpfige Familie reicht eine Pflanze.

Rote Bete

VIELSEITIG & GESUND

Rote Bete kann man jung und roh oder reif und gekocht essen. Auch die zarten Blätter schmecken aromatisch. Das unkomplizierte Gemüse hält bis in die kalte Jahreszeit draußen durch. Es sollte aber nicht zu spät ausgesät werden.

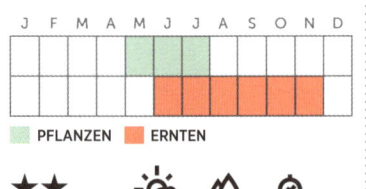

2–3 MONATE

1. Saatbeet vorbereiten
Saatgut kaufen, denn Rote Beten werden selten als Setzlinge angeboten. Eine etwa 1 cm tiefe Rille in gelockerte und feinkrümelig geharkte Erde ziehen.

2. Aussäen
Samen mit 3 bis 5 cm Abstand aussäen. Aus jedem Samenkorn bilden sich 2 bis 3 Pflänzchen. Samen 1 cm dick mit Erde abdecken und mit Brauseaufsatz angießen.

SETZLINGE

Manchmal bekommt man im Handel tatsächlich Setzlinge mit Ballen. Sie werden mit 10 cm Abstand eingepflanzt und gut angegossen. Binnen weniger Wochen sind sie erntereif.

3. Ausdünnen
Nach der Aussaat feucht halten, dabei immer erst wässern, wenn sich die Erdoberfläche trocken anfühlt. Sobald sich die einzelnen Pflänzchen berühren, auf etwa 7 cm Abstand ausdünnen.

4. Erste Ernte
Wenn die Knollen einen Durchmesser von etwa 5 cm haben, werden sie nach und nach geerntet. Lassen Sie immer eine stehen, die dann dicker werden kann und später geerntet wird.

GEMÜSE VON A BIS Z

5. Herbsternte
Ausgereifte Rüben nach Bedarf ernten. Rote Beten vertragen keine strengen Fröste unter −15 °C, daher bis Ende November alle Knollen ernten.

AUF EINEN BLICK

- Es gibt weiße, gelbe und rosa Sorten, und sogar geringelte, runde und längliche.

- Für 4 Personen rechnet man mit 20 Roten Beten, doch kann man auch mehr anbauen, denn die Rüben halten sich im Kühlschrank oder in einer Kiste im Keller, in Sand eingeschlagen, lange.

Rucola

SCHARF UND FRÜH REIF

Rucola (Rauke) lässt sich so leicht anbauen wie Radieschen. Man kann ihn solo genießen oder mit anderen Blattsalaten mischen.

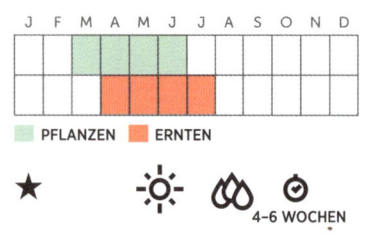

1. Aussäen
Samen in eine 1 cm tiefe und 2 bis 3 cm breite Rille in feinkrümeliger Erde aussäen. Mit Brauseaufsatz wässern.

2. Ausdünnen
Wenn die Samen nach etwa 2 Wochen gekeimt haben, zu dicht stehende Sämlinge ausdünnen, sodass nur ein einziges Pflänzchen alle 5 cm übrig bleibt.

3. Abdecken
Wenn es friert oder die Ernte bis in den Herbst ausgedehnt werden soll, die Pflänzchen mit Vlies abdecken. Das begrenzt auch einen Befall durch den Flohkäfer.

4. Beobachten
Flohkäfer fressen kleine Löcher in die Blätter. Das Laub bleibt essbar, ist aber nicht mehr sonderlich appetitlich. Eine Bekämpfung ist nicht möglich.

5. Ernten
Blätter nach Bedarf einzeln oder auf einmal ernten. Die Pflanzen in der Erde lassen, sie treiben noch einmal aus.

GEMÜSE VON A BIS Z

6. Nach der Blüte
Sobald Rucola blüht, schmeckt er nicht mehr. Die Pflanzen ausgraben und das Beet freiräumen.

AUF EINEN BLICK

- Rucola wird von denselben Krankheiten befallen wie Rettich. Daher sollte man sie nicht nebeneinander anbauen.

- Er verträgt Wärme besser und kann sich im Sommer im Halbschatten aussäen.

- Für 4 Personen genügt eine Reihe von 1,5 m.

Paprika

PFLEGELEICHT UND PLATZSPAREND

Paprika und Chili (das sind nichts anderes als kleine, scharfe Paprikasorten) brauchen reichlich Wärme und viel Sonne – aber auch nicht viel mehr.

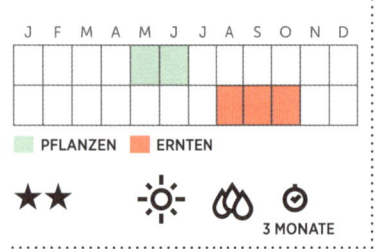

1. Boden vorbereiten
Boden bis zu einer Tiefe von 20 cm umgraben und dabei Komposterde einarbeiten.

2. Einpflanzen
Die Oberseite des Wurzelballens 2 cm tiefer setzen als das umgebende Bodenniveau, aber nicht mehr. Der Trieb darf nicht zu weit in der Erde stecken.

3. Stützen
Beim Pflanzen gleich eine Stütze mit einsetzen. Ein 60 cm hoher Bambusstab genügt – er dient eher zum Führen der Triebe denn als echte Stütze.

4. Großzügig wässern
Schon ab dem Einpflanzen reichlich gießen – Paprika bevorzugt dauerhaft feuchte Erde.

5. Anbinden
Umfallende Triebe an die Stütze binden. Pflanzen, die in nährstoffarmer Erde stehen und nicht gut wachsen, mit etwas Dünger auf die Sprünge helfen.

GEMÜSE VON A BIS Z

6. Ernten
Gemüsepaprika und Chilischoten entweder grün ernten oder reifen lassen, bis sie Farbe bekommen haben. Man kann sie im Gegensatz zu Auberginen lange an der Pflanze hängen lassen.

AUF EINEN BLICK

- Paprika werden nach ihrer Schärfe eingestuft. Als Maßeinheit dienen Scoville. Die Skala reicht von 0 (nicht scharf) bis hin zu 1 Million und darüber (ungenießbar scharf).

- 4 Personen werden mit 1 Chili- oder 3 Paprikapflanzen gut versorgt.

Rübe

SO UNKOMPLIZIERT WIE RADIESCHEN

Nicht jeder mag ihren Geschmack, doch jung und zart geerntet, schmecken sie überraschend aromatisch. Speiserüben brauchen mehr Platz und etwas mehr Geduld als Rettiche.

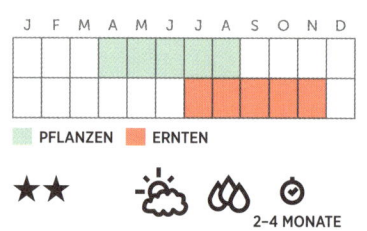

1. Eine Rille ziehen
Erde feinkrümelig harken und eine etwa 2 cm tiefe und 3 cm breite Rille ziehen. In tonige Böden etwas Sand einarbeiten.

2. Aussäen
Samen mit 3 cm Abstand aussäen. Einen Saatgutspender verwenden, um nicht zu dicht zu säen. Praktisch ist auch die Aussaat mit Saatbändern.

3. Ausdünnen
Sobald die Blätter 10 cm lang sind, die Pflanzung so ausdünnen, dass nur noch ein Exemplar alle 5 cm übrig bleibt.

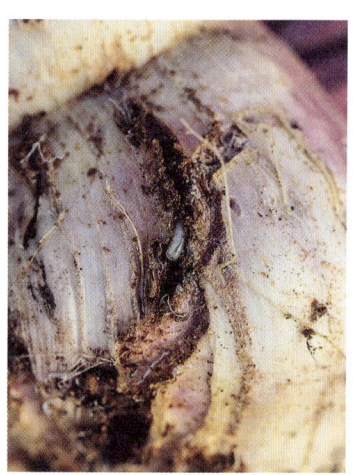

4. Schützen
Speiserüben sind anfällig für Schädlinge. Schnell ernten, falls ein erster Befall durch die Maden der Rübenfliege erkennbar ist.

5. Vorernten
In einem ersten Erntedurchgang die Hälfte der Rüben aus der Erde holen, damit die übrigen mehr Platz haben.

GEMÜSE VON A BIS Z

6. Winterernte
Im Winter je nach Bedarf ernten, aber falls Fraßschäden durch Mäuse aufzutreten beginnen, alle Rüben auf einmal ernten.

AUF EINEN BLICK

- Die Blätter der Speiserübe lassen sich in Suppen verwerten.

- Die beim Ausdünnen ausgezupften Pflänzchen können andverswo wieder eingepflanztwerden, wurzeln aber nicht alle ein.

- Für eine vierköpfige Familie reichen 15 Rüben (2-m-Reihe).

Salat

ZARTE GENÜSSE

Kopfsalat und andere Sommersalate lassen sich anbauen, solange die Erde nicht gefroren ist. Sie wachsen schnell – manchmal sogar zu schnell. Pflanzen Sie daher besser weniger, aber dafür regelmäßig alle paar Wochen neue Setzlinge aus.

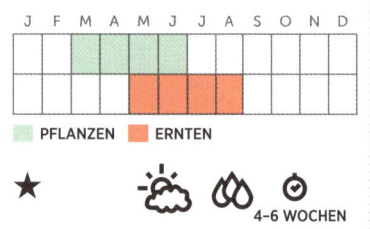

4-6 WOCHEN

PFLANZEN ERNTEN

1. Pflanzloch ausheben
Dabei nicht viel Aufwand betreiben: Loch graben, in das der Ballen passt, Pflanze hinein, nicht zu tief. Erde etwas andrücken und das nächste Loch ausheben. 30 cm Abstand halten.

2. Reichlich wässern
Nicht nur direkt nach dem Einpflanzen gut wässern, sondern auch später. Blattsalate brauchen viel Wasser und vertragen keine trockene Erde.

3. Bei Hitze abdecken
Bei Hitze frisch gesetzte Salatpflänzchen mit Zeitungspapier abdecken. Etwa 5 Tage lang liegen lassen – die Setzlinge wurzeln in dieser Zeit rasch ein.

4. Schützen
Pflänzchen vor Schnecken schützen – die Tiere lieben ihre Blättchen. Entweder spezielle Zäune (hier aus Kupfer) aufstellen oder Bio-Schneckenkorn streuen.

5. Pflücksalate ernten
Bei Pflücksalat Blättchen einzeln abzupfen oder alle auf einmal abschneiden. Bis zur nächsten Ernte etwa 2 Wochen warten.

GEMÜSE VON A BIS Z

6. Ernten
Salate mit festen Köpfen als Ganzes ernten. Falls sie zu schossen beginnen, alle auf einmal ernten oder ausreißen.

AUF EINEN BLICK

- Zum Schossen neigen Salate besonders bei Hitze. Achten Sie auf die richtige Sorte, es gibt solche für frühen und solche für späten Anbau im Jahr.

- Pflanzen Sie mehrere „Sätze", um nicht alles auf einmal ernten zu müssen. So kann man alle 2 Wochen 6 Exemplare neu pflanzen.

- Für 4 Personen braucht man mindestens 12 bis 18 Pflanzen.

BLATTSALATE: EINE AUSWAHL

Den klassischen Kopfsalat kennt jeder. Probieren Sie lieber die hier vorgestellten Arten und Sorten, die genauso leicht anzubauen sind und viel mehr Abwechslung auf den Teller bringen.

GEMÜSE VON A BIS Z

CERBIATTASALAT
Der Pflücksalat kann blattweise oder als Ganzes geerntet werden. Er ist im Sommer ziemlich schossfest und auch nicht sonderlich anfällig für Schneckenbefall.

ROMANASALAT
Man erkennt ihn an den länglichen Köpfen, die aus knackigen, festen, aber nie bitteren Blättern bestehen. Man kann ihn auch dann noch genießen, wenn er schosst.

EICHBLATTSALAT
Dieser Klassiker ist schossfest und kann wie Pflücksalat geerntet werden. Er sät sich selbst aus, wenn man ihn Samen ansetzen lässt.

WINTERSALAT
Wintersalate werden im September in Frühbeeten gesät oder gepflanzt und sind frosthart. Sie liefern dann im März/April die ersten zarten Salatköpfe.

BATAVIASALAT
Er hat dicke, gekräuselte Blätter, verträgt Hitze und fühlt sich nicht wie klassischer Kopfsalat leicht fett an. Bataviasalat kommt mit etwas weniger Wasser aus als andere Blattsalate.

EISBERGSALAT
Er trägt dicke Blätter und ist der knackigste Blattsalat, weshalb er bei Kindern hoch im Kurs steht. In Hamburgern findet man vor allem ihn als Zutat, da er nicht so schnell welkt.

Schalotte

FÜR UNGENUTZTE ECKEN

Man muss nicht unbedingt viele Schalotten im Garten pflanzen, doch wenn man Platz hat, lohnt sich der Anbau. Gesteckt werden sie früh oder spät, wenn es im Garten noch nicht oder nicht mehr viel zu tun gibt.

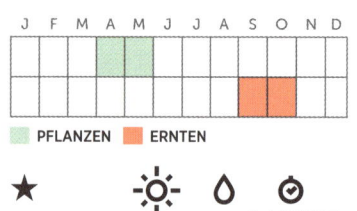

3-4 MONATE

PFLANZEN ERNTEN

1. Stecken
Steckzwiebeln im Netz kaufen und in umgegrabene Erde setzen. Zwiebel dabei mit der Spitze nach oben setzen und etwa 1 cm herausragen lassen.

2. Wachsen lassen
Schalotten treiben lassen, ohne sie zu wässern oder zu düngen – sie vertragen weder Mulch noch Dünger. Ihr schlimmster Feind ist zu viel Feuchtigkeit.

3. Jäten
Beet regelmäßig jäten, um so viel Licht wie möglich an das Laub und den Ansatz zu lassen. Zwiebeln dabei aber keinesfalls versehentlich aus der Erde reißen.

4. Laub trocknen lassen
Vor dem Ernten das Laub trocknen lassen. Eile ist nicht notwendig, denn Schalotten können monatelang im Boden bleiben.

5. Ernten
Ernten, bevor die Herbstnässe einsetzt, idealerweise vor Mitte August. An einem luftigen, kühlen Ort bei etwa 15 °C aufhängen.

GEMÜSE VON A BIS Z

AUF EINEN BLICK

- Nicht verbrauchte Schalotten vom Vorjahr können als Steckzwiebeln verwendet werden. Die Ernte fällt bei zertifizierten Steckzwiebeln aber größer aus.

- Mit einem Dutzend Pflanzen ist der Bedarf von 4 Personen gedeckt.

Sellerie

EIN LANGSAM REIFENDES WINTERGEMÜSE

Knollensellerie wächst langsam und muss im Lauf der Saison gedüngt werden. Er braucht wenig Pflege – mehr als Düngen und gelegentliches Gießen ist bei ihm nicht notwendig.

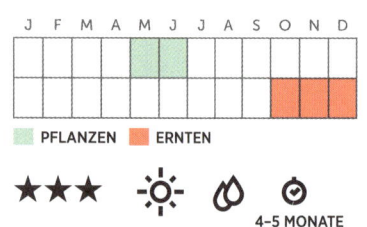

PFLANZEN   ERNTEN

★★★ ☀ 💧 ⏱ 4–5 MONATE

1. Beet vorbereiten
Erde lockern und Unkraut herausholen. Topfsetzlinge bereitstellen.

2. Einpflanzen
Ballen so einpflanzen, dass sich das Herz (da wo die Blätter zusammenwachsen) etwas oberhalb des Bodens befindet. Steht es zu tief, bilden sich keine Knollen.

3. Reichlich wässern
Sobald die Pflänzchen nicht mehr ganz frisch wirken, mit Brauseaufsatz wässern. Bei längerer Abwesenheit Boden mulchen, um die Verdunstung zu verringern.

4. Düngen
Knollensellerie braucht sehr nährstoffreiche Erde, um zu gedeihen, daher regelmäßig düngen. Halten Sie sich aber immer an die Dosierempfehlung auf der Verpackung.

5. Flüssigdünger verabreichen
Gegebenenfalls einen Flüssigdünger (für Gemüse) ausbringen – er wird von der Pflanze schneller aufgenommen. Nach Möglichkeit organischen Dünger verwenden.

GEMÜSE VON A BIS Z

6. Ernten
Sobald die Knollen 10 cm dick sind, können sie geerntet werden. Ab Mitte November nach Bedarf ernten, da die Knollen dann nicht mehr wachsen.

AUF EINEN BLICK
- Knollensellerie wird gelegentlich auch Wurzelsellerie genannt.
- Bei Staudensellerie werden nur die Blätter verwendet, er wird jedoch genauso kultiviert.
- Für 4 Personen rechnet man 6 Pflanzen.

Spinat

KÄLTERESISTENTES BLATTGEMÜSE

Vergessen Sie den fürchterlichen tiefgefrorenen Spinat und entdecken Sie das tolle Aroma von frisch geerntetem Blattspinat. Spinat ist ein ausgezeichnetes und vitaminreiches Wintergemüse.

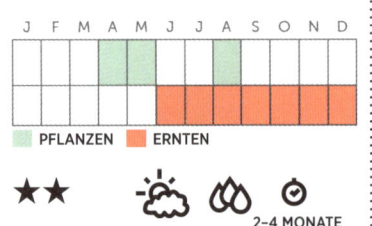

1. Einpflanzen
Jungpflanzen mit 20 cm Abstand zueinander einpflanzen. Winterspinat braucht etwas mehr (30 cm), da er größer wird.

2. Wässern
Die Pflanzen während der ganzen Saison ausgiebig wässern – natürlich nur, wenn es nicht regnet. Damit Spinat zart bleibt und guten Ertrag liefert, darf der Boden nie austrocknen.

3. Sommerspinat ernten
Blätter einzeln nach Bedarf ernten. Sobald der Spinat Samen anzusetzen beginnt, alles auf einmal ernten.

4. Winterspinat ernten
Die Blattrosetten am Ansatz abschneiden, da sie nicht wieder austreiben. Winterspinat kann bis in den Dezember oder noch später geerntet werden.

SPINAT MÖGLICHST LANGE DRAUSSEN LASSEN

Pflanzen Sie Ihren Spinat dort, wo er vor großen Temperaturschwankungen geschützt ist (im Sommer im Halbschatten, im Winter vor kaltem Wind geschützt). Im Winter wird er mit Vlies abgedeckt.

GEMÜSE VON A BIS Z

AUF EINEN BLICK

- Spinat kann auch ausgesät werden, keimt aber unregelmäßig, denn das Saatgut braucht Kühle und viel Feuchtigkeit. Mit Setzlingen sind die Erfolgsaussichten größer.

- Für 4 Personen rechnet man mit 10 Pflänzchen Sommerspinat und 12 Pflänzchen Winterspinat.

Süßkartoffel

FÜR DIE NACHSAISON

Die Süßkartoffel mag nährstoffreiche Erde und viel Wärme. Trotzdem ist sie das ideale Gemüse für alle, die keine Zeit zum Gärtnern haben. Denn sie kommt ganz alleine zurecht.

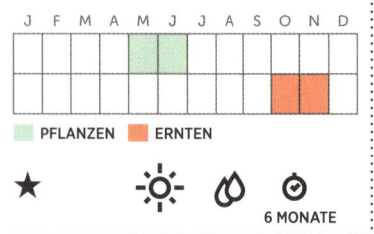

PFLANZEN   ERNTEN

6 MONATE

1. Boden vorbereiten
Erde bis in 40 cm Tiefe umgraben. Dann ein Loch ausheben, das etwa 5 cm tiefer und breiter als der Wurzelballen des Setzlings ist.

2. Einpflanzen
Pflänzchen so in das Loch setzen, dass der Ballen einige Zentimeter tiefer steht. Erde zurückfüllen und anwässern.

ÜBERAUS DEKORATIV

Es gibt Zierformen der Süßkartoffel mit violettem oder goldgelbem Laub und unterschiedlichen Blattformen. Sie sind ausgesprochen dekorativ, eignen sich aber nicht für den Gemüsegarten. Achten Sie darauf, dass Sie nicht versehentlich diese Sorten pflanzen, sonst ist die Enttäuschung groß.

3. Die Natur machen lassen
Süßkartoffeln sind unempfindlich und müssen nur gewässert werden, wenn es längere Zeit nicht regnet. Mulcht man den Boden, kann man sich auch das Unkrautjäten größtenteils sparen.

GEMÜSE VON A BIS Z

4. Ernten
Die Kartoffeln im Oktober ernten, sobald ihre oberirdischen Triebe nicht mehr wachsen. Alle auf einmal aus der Erde holen und rasch verbrauchen.

AUF EINEN BLICK
- Süßkartoffeln bilden ihre Knollen relativ spät, sie können aber auch noch nach dem ersten Frost geerntet werden.
- Für 4 Personen rechnet man mit 3 Pflanzen – oder auch mehr, falls Platz ist.

Tomate

DIE NUMMER EINS IM KÜCHENGARTEN

Tomaten brauchen viel Sonne und Wärme und liefern bei guter Pflege von August bis Oktober leckere Früchte. Probieren Sie einmal Sorten aus, die es nicht im Supermarkt zu kaufen gibt!

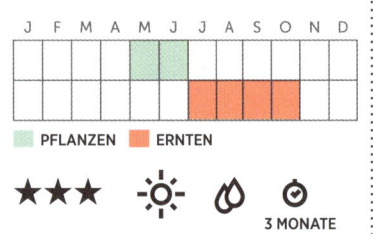

PFLANZEN ▮ ERNTEN ▮

★★★ ☼ 💧 ⏱ 3 MONATE

1. Tiefes Pflanzloch ausheben
Graben Sie in die gelockerte Erde im Beet ein Pflanzloch, das tiefer als der Wurzelballen des Setzlings ist.

2. Einpflanzen
Setzling hineinsetzen. Mit der einen Hand aufrecht halten und mit der anderen Erde einfüllen. Tief setzen, am Stängel bilden sich dann neue Wurzeln und die Pflanze steht später stabiler.

3. Auffüllen
Pflanzloch komplett auffüllen, sodass die Pflanze aufrecht bleibt. Es ist nicht sinnvoll, die Erde festzudrücken, da der Stängel leicht verletzt werden kann.

4. Stützen
Stütze neben der Pflanze in die Erde stecken. Der Trieb wächst rasch und sollte nach und nach an die Stütze angebunden werden, damit er nicht umfällt.

5. Pflegen
Pflanze regelmäßig am Ansatz wässern. Seitentriebe, die sich in den Blattachseln bilden, abzwicken, sonst bilden sich zwar mehr Blätter, aber weniger Blüten.

GEMÜSE VON A BIS Z

6. Ernten
Die ersten Tomaten sind drei Monate nach dem Einpflanzen erntereif. Manche Sorten tragen mehr als 4 Monate lang.

AUF EINEN BLICK

- Wenn Sie die Jungpflanzen selbst anziehen, sollten sie nicht vor April mit der Aussaat beginnen. Tomaten brauchen viel Licht und kommen erst Mitte Mai ins Freie. Zu früh gesäte werden zu groß und „verhocken", wachsen also nicht richtig weiter.

- Rechnen Sie mit 6 Pflanzen für 4 Personen oder auch mehr, wenn Sie oft Tomaten essen.

PFLEGETIPPS FÜR TOMATEN

REICHE ERNTE GARANTIERT

Beim Anbau von Tomaten können schon kleine Kulturtricks den Unterschied zwischen geringem und hohem Ertrag ausmachen. Niemals Abstriche machen sollte man beim Schutz, denn bei kühlem und nassem Wetter verabschieden sich Tomaten im Handumdrehen.

Füße wärmen
Eine Gärtnertradition besagt, dass man in das Pflanzloch eine Handvoll Brennnesselblätter legen sollte. Es ist nicht unbedingt notwendig, wärmt und nährt die Tomaten aber.

Studentenblumen pflanzen
Angeblich schützen sie Tomaten vor einigen Krankheiten, einen Versuch ist es wert, zumal es hübsch aussieht.

Abdecken
In kühlen oder nassen Sommern sollte man Tomaten abdecken. Es gibt spezielle Reifehauben, die man über die Pflanzen stülpt.

Nach Bedarf spritzen
Tomaten sind im Sommer anfällig für diverse Krankheiten. Eine Spritzung mit Pfanzenstärkungsmitteln ist empfehlenswert.

Blütenendfäule
Diese Störung tritt oft zu Beginn der Saison auf. Ursache ist ein Calcummangel. Mit einem Flüssigdünger schafft man normalerweise schnell Abhilfe.

GEMÜSE VON A BIS Z

Mangelnde Reife
Am Saisonende reifen Tomaten nur noch schlecht aus und werden leicht krank. Man erntet daher alle Früchte und lagert sie bei 20 °C ein. Dort sollten sie binnen weniger Wochen ausreifen.

TOMATENSORTEN: VIELE FARBEN UND FORMEN

Es gibt die unterschiedlichsten Sorten, doch nicht alle sind für jeden geeignet. Sie werden schnell Ihre Favoriten finden!

OCHSENHERZTOMATE
Diese unter Tomatenliebhabern begehrteste Form braucht etwas mehr Pflege und Aufmerksamkeit, belohnt aber mit einem einzigartigen Geschmack.

FALSCHE OCHSENHERZTOMATE
Die gerippten, taschenförmigen Tomaten sind leicht zu kultivieren und widerstandsfähig, haben aber nicht den Geschmack echter Ochsenherztomaten. Ein Kompromiss. Welche ist besser? Probieren Sie es aus.

KIRSCHTOMATE
Hoher Ertrag und leichte Pflege. Ernte bis in den Herbst hinein. Es gibt auch gelbe und längliche Sorten. Vorsicht: Sie brauchen viel Platz – bis zu 1 m².

GELBE TOMATEN
Sie schmecken süßer als die klassischen roten Formen und werden gern für Salate verwendet. Man baut sie wie ihre roten Verwandten an.

ROSA TOMATEN
Süßer als rote Tomaten und oft etwas würziger, allerdings nicht immer einfach als Setzlinge aufzutreiben.

FLASCHENTOMATE
Diese Sorte mit länglichen bis ovalen Früchten eignen sich vor allem als Kochtomate. Sie ist etwas anfälliger für Blütenendfäule (siehe vorherige Seite), daher im Frühsommer Calciumdünger geben.

SCHWARZE TOMATE
Sie sind nicht schwarz, sondern eigentlich schwarzrot und schmecken würziger als rote Tomaten. Der Ertrag ist geringer, in Salaten schmecken sie allerdings besser. Lohnenswert!

COCKTAILTOMATE
Früchte größer als bei Kirschtomaten, aber kleiner als die klassischen runden Formen und auch fester. Man bekommt sie in vielen verschiedenen Farben. Probieren geht über Studieren.

Zucchini

LIEFERT REGELMÄSSIG FRÜCHTE

Zucchini liefern den ganzen Sommer lang regelmäßig Früchte, wenn sie genug Wasser bekommen. Pflanzen Sie nicht zu viele, sonst werden Sie der Zucchini-Schwemme nicht mehr Herr!

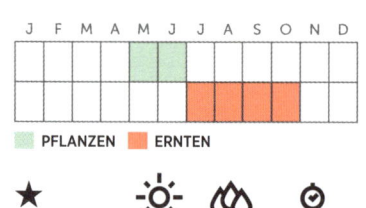

1. Einpflanzen
Setzlinge pflanzen, sobald nicht mehr mit Frösten zu rechnen ist (zwischen Mitte und Ende Mai). Ansatz nicht zu tief setzen und Erde um ihn herum gut festdrücken. Reichlich wässern.

2. Im Auge behalten
Pflanze regelmäßig kontrollieren und Schneckenkorn streuen, sobald ein Befall erkennbar ist.

3. Männliche Blüten pflücken
Aus den ersten Blüten bilden sich keine Früchte, denn sie sind männlich und tragen anders als die weiblichen keinen großen Fruchtknoten unter den Blütenblättern.

4. Ernten
Früchte ernten, sobald sie 15 cm lang sind. Am Ansatz abbrechen oder mit einem Messer abschneiden, aber nicht die ganze Pflanze dabei beschädigen.

5. Urlaub planen
Moderne Sorten tragen reichlich und bilden schnell große Früchte aus. Bei Abwesenheit von mehr als einer Woche die weiblichen Blüten vorher abzwicken.

GEMÜSE VON A BIS Z

6. Entsorgen
Pflanze auf den Komposthaufen werfen, sobald sich keine Blüten mehr bilden und die Blätter von Pilzen befallen werden.

AUF EINEN BLICK

- Zucchini gibt es in verschiedenen Sorten: Gelbe Formen schmecken nussiger und mehr wie Kürbis.

- Zucchini bekommen im Herbst fast immer Mehltau. Befallene Blätter mit dem grauweißen Pilzbelag einfach abschneiden.

- Für 4 Personen sind 2 bis 3 Pflanzen völlig ausreichend.

Zwiebel

WENIG ARBEIT, VIEL ERTRAG

Man pflanzt Zwiebeln, wenn sich der Garten noch im Winterschlaf befindet, und erntet sie zum Sommeranfang. Dazwischen gibt es wenig zu tun. Kein Zweifel: Der Anbau von Zwiebeln lohnt sich!

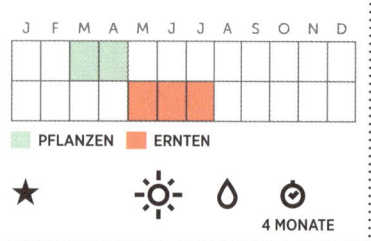

4 MONATE

1. Steckzwiebeln pflanzen
Zwiebeln in etwa 5 cm tiefe Löcher legen, die mit einem Pflanzholz oder zugespitzten Stock in die Erde gedrückt wurden. Wichtig: Zwiebeln mit der Spitze nach oben pflanzen. Loch mit Erde füllen.

2. Jäten
Beete jäten, bevor Unkräuter überhandnehmen. Ansonsten müssen Zwiebeln nur bei Trockenheit gewässert werden. Dünger brauchen sie nicht.

3. Frühzwiebeln ernten
Im Herbst gepflanzte Zwiebeln als Frühzwiebeln ernten, sobald sie leicht verdickt, aber noch klein sind.

4. Laub eintrocknen lassen
Das Laub von Zwiebeln, die zum Einlagern bestimmt sind, vor dem Ernten erst trocknen lassen. Es fällt von selbst ab.

5. Ernten
Zwiebeln alle auf einmal durch Herausziehen ernten. Manche Sorten mit länglicher Zwiebel müssen rasch (innerhalb eines Monats) verbraucht werden, andere halten länger.

GEMÜSE VON A BIS Z

6. Haltbar machen
Damit eingelagerte Zwiebeln so lange wie möglich halten, hängt man sie vorher an einem kühlen, trockenen, gut durchlüfteten Platz bündelweise auf.

AUF EINEN BLICK
- Manche Zwiebeln kann man auch als Setzlinge kaufen. Es handelt sich oft um Sorten, die 3 Monate nach dem Einpflanzen erntereif sind, sich aber nicht lagern lassen.
- Für eine vierköpfige Familie rechnet man mit 50 bis 100 Zwiebeln.

Vergessene Gemüse
FÜR NEUGIERIGE GÄRTNER

Diese Gemüseköstlichkeiten sind leicht anzubauen, liefern oft einen guten Ertrag und sind gesund. Probieren Sie sie einfach mal aus, schiefgehen kann (fast) nichts.

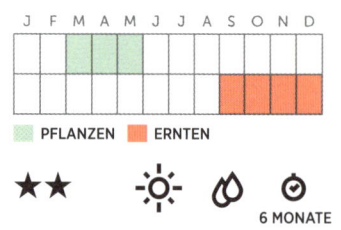

TOPINAMBUR
Eine fleischige Wurzel mit feinem artischockenähnlichem Geschmack. Die Knollen werden noch vor dem April gesteckt. Bis November kann man sie vergessen. Geerntet wird bis Februar.

PASTINAKE
Die dicke weiße Wurzel ist ein gutes Wintergemüse. Gesät wird im April und Mai. Sie werden wie Möhren angebaut, bleiben aber bis zum Herbst im Beet.

KNOLLENZIEST
Die Wurzeln mit dem ungewöhnlichen Aussehen haben einen feinen Geschmack und eine zarte Konsistenz. Knollen im Mai etwa 10 cm tief stecken. Zum Kochen nur putzen, nicht schälen.

KARDONE
Die Verwandte der Artischocke wird im November in Karton gewickelt und so 3 bis 6 Wochen gebleicht. Man bereitet sie wie Mangold zu. Wie bei Rosenkohl gilt: Man liebt sie oder hasst sie!

ROTE SPARGELBOHNE
Rote Spargelbohnen werden wie Buschbohnen kultiviert, aber wie Erbsen zubereitet. Sie brauchen Sonne und Wärme und wenig Platz. Geerntet werden sie jung.

GEMÜSE VON A BIS Z

KOHLRABI
Kohlrabi wächst schnell und wird geerntet, wenn die Knollen etwa 10 cm dick sind. Er hat einen feineren Geschmack als Speiserüben und kann auch roh gegessen werden. Man kultiviert ihn wie Kohl.

AUF EINEN BLICK

- Pflanzen Sie versuchsweise 3 bis 5 Exemplare. Wenn Ihnen etwas schmeckt, können Sie im nächsten Jahr mehr anpflanzen.

- Die beschriebenen Gemüsesorten brauchen wenig Pflege, aber Jäten während der Saison schadet nie.

- Mit Ausnahme der Spargelbohne kann man alle im Winter ernten.

Für Kinder

Leicht anzubauen, schnell reif

Nicht nur Erdbeeren und Radieschen sind kinderleicht anzubauen. Überlassen Sie Ihren Kleinen ein eigenes Beet, damit Sie den Spaß am Gärtnern entdecken, die Vorzüge von Gemüse kennenlernen – und nie wieder schmollen, wenn die gesunden Leckereien auf dem Teller liegen!

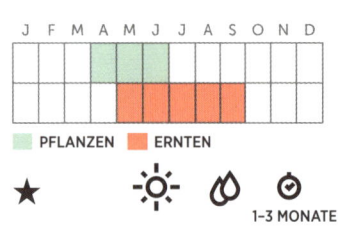

1–3 MONATE

BABYMÖHREN
Runde Möhren werden ebenso angebaut wie die klassischen Sorten mit langer Wurzel, sind aber wesentlich schneller erntereif und schmecken genauso gut. Man kann sie in einen 10 bis 15 cm hohen Kasten aussäen. Der Abstand zwischen den Pflänzchen sollte 4 cm betragen.

GARTENKRESSE
Der Sprintweltmeister unter den Nutzpflanzen ist die Gartenkresse: Geerntet werden kann sie manchmal schon 3 Wochen nach der Aussaat! Man bringt sie wie Rettiche aus und wässert sie gut. Sobald die Triebe 10 cm hoch sind, schneidet man sie mit der Schere ab. Gartenkresse ist nicht besonders scharf.

GEMÜSE VON A BIS Z

ERDNUSS
Sie werden ausgesät wie Bohnen und wachsen zu einem dichten, etwa 30 cm hohen Busch heran. Erst wenn man die Pflanze mitsamt den Wurzeln aus der Erde zieht, entdecken die Kinder, dass die „Nüsse" ja unterirdisch heranwachsen. Man erntet sie im September und lässt sie vor dem Verzehr gut trocknen. Geröstet werden Erdnüsse 15 Minuten bei 180 °C Umluft im Backofen.

ERDBEERSPINAT
Die Früchte sehen aus wie Erdbeeren, schmecken aber wie Rote Bete, allerdings nicht so kräftig und süßer. Man sät sie mit 5 cm Abstand in eine 1 cm tiefe Rille. Gewässert wird Erdbeerspinat nur anfangs, später kann man ihn sich selbst überlassen. Zum Schluss müssen nur noch die seltsamen Früchte, halb Gemüse und halb Obst, abgezupft werden.

AUF EINEN BLICK
- Bereiten Sie die Kästen im Voraus für die Kinder vor, damit sie nur noch säen und wässern müssen.
- Helfen Sie den Kleinen beim Säen, damit sie nicht zu dicht säen.
- Erinnern Sie sie ans Gießen, um Enttäuschungen zu vermeiden.

Gemüsegarten im Topf

WENN PLATZ MANGELWARE IST

Etliche Gemüsesorten gedeihen im Gefäß ebenso gut wie im Beet. Wenn Sie lieber auf Balkon und Terrasse gärtnern, ist diese Auswahl genau das Richtige für Sie.

ZUCCHINI
Pflanzen Sie einen Setzling in einen großen Kasten und wässern Sie ihn großzügig. Alle 3 Wochen braucht er eine Dosis Flüssigdünger. Eine einzige Pflanze liefert bis zu 2 kg Zucchini.

KARTOFFELN
In einen Topf (10 bis 20 l) werden höchstens 3 Knollen 10 cm tief gesteckt. Alle 3 Wochen versorgt man sie mit Flüssigdünger. Die Ernte ist verglichen mit der Freilandkultur allerdings geringer: Mehr als 1,5 kg pro Topf sind nicht drin!

GEMÜSE VON A BIS Z

RADIESCHEN UND RETTICH
Man sät sie fast wie im Freiland an, nur etwas dichter. Verwendet werden können Sorten mit kurzen oder langen Wurzeln, nicht jedoch Winterrettich. Eine Schale mit mindestens 10 cm Tiefe reicht aus.

BLATTSALAT
Ideal ist ein Pflücksalat. Alle 15 cm einen Samen aussäen, dünn mit Erde bedecken und feucht halten. Blätter nach Bedarf abzupfen. Sobald Blüten erscheinen, neue Pflanzen säen oder setzen.

MESCLUN
Diese Mischung aus Blattsalaten ist im Nu erntereif. Samen auf der ganzen Oberfläche des Topfes verteilen und mit 1 cm Erde abdecken. Gut wässern. Wie Pflücksalat ernten (möglich sind bis zu 3 Ernteduchgänge).

TOMATEN
In Gefäßen zieht man am besten kleinfrüchtige Sorten (Kirsch- oder Cocktailtomaten). Für ein Exemplar braucht man einen Topf mit mindestens 15 l. Alle 10 bis 15 Tage düngen. Eine Pflanze trägt locker 1 kg Tomaten.

ERDBEEREN
Ein Kasten liefert mehrere ordentliche Handvoll Erdbeeren, wenn man die Erde nicht austrocknen lässt (Staunässe unbedingt vermeiden). Im Sommer verabreicht man den Pflanzen einen Flüssigdünger.

AUF EINEN BLICK
- Ziehen Sie die Pflanzen nach Möglichkeit einzeln im Topf, da die Wurzeln sonst zu dicht wachsen.
- Denken Sie in großen Dimensionen: Zu voluminös sind Töpfe nie, zu klein dagegen oft.
- Wenn Sie im Sommer mehr als 3 Tage weg sind, brauchen Sie eine automatische Bewässerung oder zuverlässige Nachbarn.

KRÄUTER

Die Auswahl an leckeren Kräutern für Salate, zum Würzen oder für Tees ist groß. Zum Glück sind sie alle unkompliziert, sobald man sie erst einmal auf den Weg gebracht hat. Eigentlich muss man danach nur noch eines tun: ernten.

Einjährige Kräuter

KURZLEBIG, ABER LECKER

Man muss sie jedes Jahr aufs Neue pflanzen, doch lohnt sich der Aufwand, denn in der Küche sind sie unverzichtbar. Kaufen Sie Setzlinge, sobald sie erhältlich sind, dann können Sie schneller ernten.

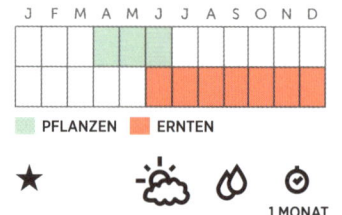

PFLANZEN ERNTEN

1 MONAT

1. Kaufen
Die Folie muss weg. Entfernen Sie die Schutzfolie, sobald sie zuhause angekommen sind, da die Pflanzen sonst schnell schimmeln.

2. Einpflanzen
Pflanzen Sie ohne große Vorsicht in lockere Erde. Große Pflanzen dabei in 3 oder 4 Teilstücke zerteilen. Nach dem Einsetzen wird wieder Erde zurückgefüllt und reichlich gewässert.

AUSSAAT LOHNT SICH SELTEN

Die Aussaat einjähriger Kräuter ist zwar möglich, wenn man Geld sparen will. Aber sie keimen nicht immer zuverlässig – die einen bedingen sich Zeit aus und brauchen es kühl (Petersilie), die anderen warm (Basilikum). Außerdem brauchen sie auf der Fensterbank sehr viel Licht. Wenn Sie auf Nummer sicher gehen wollen, kaufen Sie vorgezogene Setzlinge.

3. Wachsen lassen
Einjährige Kräuter kommen allein zurecht und müssen auch nicht gewässert werden (außer bei Trockenheit). Lediglich gejätet werden sollte, damit sie nicht von Unkraut verdrängt werden.

4. Blüten entfernen
Die Blüte läutet das Ende der Pflanze ein. Daher kann man ihre Lebensdauer verlängern, wenn man sie ein bisschen schneidet, aber nicht radikal, sondern nur bis 5 cm über dem Boden.

KRÄUTER

5. Nach Bedarf ernten
Wenn Sie ein Kraut gerade nicht brauchen, schneiden Sie es zurück, damit es neue Triebe bildet, oder ernten Sie die gesamte Pflanze ab und frieren Sie die Blätter ein.

AUF EINEN BLICK

- Einjährige Kräuter nehmen nicht viel Platz weg, sind aber empfindlich. Man platziert sie am besten dort, wo man sie sieht, etwa neben Wegen.

- Man kann sie als Gruppe pflanzen, sollte aber 30 cm Abstand zwischen ihnen lassen.

- Für 4 Personen braucht man etwa 3 Pflanzen pro Sorte.

DIE BESTEN EINJÄHRIGEN KRÄUTER: ERSTAUNLICHE GENÜSSE

Basilikum ist nicht gleich Basilikum. Es gibt viele verschiedene Sorten, die alle dieselben Ansprüche haben, aber unterschiedlich aussehen und schmecken. Einjährige Kräuter brauchen wenig Platz und können zwischen zwei Gemüsesorten gepflanzt werden.

KLEINBLÄTTRIGES BASILIKUM
Dieses „Bonsai"-Basilikum mit kleinem Laub bleibt niedrig und wächst dicht. Es riecht sehr stark nach Pesto. Lassen Sie es nicht blühen, denn danach bekommen Sie es kaum noch zum Wachsen.

GROSSBLÄTTRIGES BASILIKUM
Eine Sorte mit sehr großen, bis zu 10 cm langen Blättern, die sich vorzüglich für Gemüseröllchen und Mozzarella mit Tomaten eignen. Die Pflanze bildet aber rasch Blüten und muss dann umgehend geerntet werden.

KRÄUTER

VIOLETTES BASILIKUM
Es trägt dunkelviolettes, fast schwarzes Laub und wird wie klassisches grünes Basilikum kultiviert. Allerdings schosst es nicht so leicht. Man verwendet es gern zum Färben von Soßen.

PERILLA (Shiso)
Wird auch Japanisches Basilikum genannt, ist aber keines. Geschmacklich ähnelt das Laub Basilikum, hat jedoch eine zitronige Note. Es wird wie Basilikum angebaut. Eine Pflanze liefert bis zu 2 kg Laub.

THAI-BASILIKUM
Diese Form mit violettgrünem Laub verströmt einen würzigen Duft, der an Zimt erinnert. Sie werden es lieben, denn es kann fade Soßen oder Gerichte retten. Thai-Basilikum ist sehr wüchsig und bildet erst spät Blüten.

MAJORAN
Majoran ähnelt Oregano, einem nahen Verwandten. Er duftet süßer und fruchtiger als dieser. Getrocknet schmeckt er besser als frisch. Man erntet ihn Anfang September.

SOMMER-BOHNENKRAUT
Es ist nicht so würzig wie das klassische mehrjährige Bohnenkraut und duftet wesentlich süßer. Man sät es im April oder Mai aus und kann es schon einen Monat später ernten.

KRAUSE PETERSILIE
Diese Petersilie ist nicht so würzig, aber wesentlich dekorativer als die Variante mit glattem Laub. In kleinen Gärten mischt sie sich fröhlich zwischen Sommerblumen. Sie schosst kaum.

Mehrjährige Kräuter

AROMATISCH & LANGLEBIG

Mehrjährige Kräuter machen jahrelang Freude und können viele Monate beerntet werden. Sie brauchen außerdem kaum Pflege. Mit ein paar Tricks werden sie widerstandsfähiger gegen Krankheiten und schmackhafter.

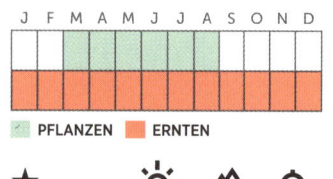

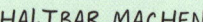

1. Einpflanzen
Nach dem Kauf rasch in die Erde setzen. Dazu den Wurzelballen 10 Minuten in Wasser einweichen und (natürlich ohne Topf!) in ein passgenaues Pflanzloch setzen. Erde einfüllen und gut wässern.

2. Ernten
Nach Bedarf abernten. Mehrjährige Kräuter wachsen kräftig, sodass man sich nehmen kann, was man gerade braucht.

HALTBAR MACHEN
Einfrieren ist besser als Trocknen. Mehrjährige Kräuter verlieren beim Trocknen einen Großteil ihres Aromas. Um Öl mit ihnen zu aromatisieren, legt man sie fünf Tage lang darin ein.

3. Schneiden
Nach der Blüte radikal abschneiden. Verblühte Kräuter haben keinen großen Nutzen mehr und können sich zudem aussäen. Das Laub wächst rasch wieder nach.

4. Kappen
Am Winterende kappen, wenn das nicht bereits zum Sommerende geschehen ist. Das ist auch gleich eine Gelegenheit, Horste zu reduzieren, die sich ausbreiten und zu viel Platz brauchen.

KRÄUTER

AUF EINEN BLICK
- Ab der Blüte schmecken mehrjährige Kräuter würziger und nicht mehr so fein. Deshalb sollten sie nun zurückgeschnitten werden.
- Ist für sie im Nutzgarten kein Platz, setzt man sie zwischen Zierpflanzen.
- Eine Pflanze genügt für eine ganze Familie.

KRÄUTERKLASSIKER, DIE MAN EINFACH HABEN MUSS

Diese mehrjährigen und langlebigen Kräuter werden zum Würzen in der Küche oder als Tee aufgebrüht verwendet. Pflanzen Sie am besten gleich mehrere Exemplare dieser Multitalente.

SCHNITTLAUCH
Das zarte Kraut wächst besser, wenn es in stets feuchter Erde steht. Bei Trockenheit kann es im Sommer in einen Ruhezustand treten. Schnittlauch ist recht langlebig, wenn er einmal eingewurzelt hat. Auch die Blüten sind essbar.

ESTRAGON
Achten Sie auf die Sorte: Französischer Estragon hat dicke, fleischige Blätter und schmeckt intensiv aromatisch. Russischer eher fade. Estragon breitet sich aus und muss im Zaum gehalten werden.

KRÄUTER

OREGANO
Es gibt ihn mit grünen oder goldgelben Blättern. Oregano kommt mit allen Böden zurecht, sofern man ihm einen sonnigen Standort ohne Winternässe zuweist. Oregano kann sich selbst aussäen, wuchert aber nicht.

FENCHEL
Eines der unkompliziertesten Kräuter. Man kann es ganzjährig ernten, wenn man es schneidet, bevor die Triebe vertrocknen. Allerdings sollte man verhindern, dass es sich aussät. Die Samen werden als Gewürz verwendet.

MELISSE
Der Duft ist unverwechselbar, der Anbau unkompliziert. Man würzt mit ihr Gerichte, Soßen und Desserts oder gießt Tee auf. Aber Vorsicht: Sie sät sich sehr stark selbst aus und muss daher vor der Blüte geschnitten werden.

LIEBSTÖCKEL
Es heißt auch Maggikraut, weil sein Duft an Suppenwürfel erinnert. Der Vetter des Selleries wird wie Schnittlauch kultiviert.

RÖMISCHE KAMILLE
Ihr kampferartiger Duft ist einfach unverwechselbar. Sie wird eher als Heilpflanze denn als Küchenkraut verwendet und kann als Tee aufgebrüht werden. Kamille sät sich selbst aus, ohne zu wuchern.

MONARDE
Die Monarde, auch Indianernessel genannt, ist nicht so bekannt wie die anderen, aber dekorativer. Sie wird vor allem für Tees verwendet. Man lässt sie blühen, da sie einen hohen Zierwert hat und sich nicht selbst aussät.

Minze

WÜCHSIG, MANCHMAL ZU WÜCHSIG

Minze wird als Küchen- und Arzneikraut eingesetzt. Sie wuchert sehr stark – so sehr, dass die Hauptarbeit bei ihrer Kultur darin besteht, ihren Ausbreitungsdrang zu begrenzen. Hat man sie einmal gepflanzt, wird man nie wieder Mangel an ihr leiden!

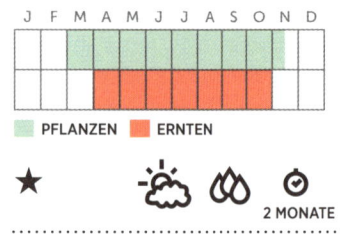

PFLANZEN ERNTEN

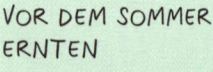

2 MONATE

1. Schneiden
Pflanze einkürzen, wenn sie im Topf zu lange Triebe gebildet hat. Auf etwa 5 bis 10 cm zurückschneiden. Vor dem Einpflanzen Ballen etwa 60 Minuten lang einweichen.

2. Einpflanzen
Pflanze aus ihrem Verkaufstopf holen und in einen größeren Topf pflanzen, der in der Erde versenkt wurde. Gartenerde, vermischt mit Pflanzerde bzw. Humus, um den Ballen einfüllen. Gut wässern.

VOR DEM SOMMER ERNTEN

Ab der Blüte schmeckt Minze nicht mehr ganz so würzig und wird etwas schärfer. Man schneidet sie daher rechtzeitig radikal zurück und kann 3 Wochen später erneut ernten. Im Oktober legt man sich rechtzeitig einen Vorrat zu, denn Minze zieht je nach Art bis März oder April ein.

3. Neue Triebe ausreißen
Frische Triebe am Rand der Pflanze ausreißen, falls die Minze nicht schon in einem in der Erde versenkten Topf wächst. Die entfernten Triebe können andernorts eingepflanzt werden.

4. Zurückschneiden
Grüne Minze wächst während der kalten Jahreszeit nicht, Pfefferminze dagegen schon. Beide aber legen erst ab den ersten schönen Tagen der Saison wieder kräftig los.

KRÄUTER

AUF EINEN BLICK

- Manchmal bildet sich auf dem Laub ein pulvriger, orangefarbener Überzug. Er schadet zwar der Pflanze kaum, doch schmecken die Blätter nicht mehr. Man schneidet sie zurück und lässt sie neu austreiben.

- Je ein Exemplar Grüne Minze und Pfefferminze reichen meistens.

MINZE: ERFRISCHEND & VIELFÄLTIG

Sie glauben alle Minzen zu kennen? Nun, es gibt über 30 verschiedene Arten und Sorten, die im Garten gedeihen. Nur etwa ein halbes Dutzend davon aber hebt sich von den anderen ab und eignet sich für den Einsatz in der Küche.

PFEFFERMINZE
Die Pfefferminze ist recht wüchsig und hat einen würzigen Duft. Manche Exemplare riechen intensiv minzig, andere schmecken eher unangenehm »grün«. Probieren Sie lieber vorher!

BANANENMINZE
Auch sie ist sehr wüchsig und sollte vor dem Kauf probiert werden. Denn je nach Exemplar duftet sie mehr oder weniger stark nach Banane.

GRÜNE MINZE
Eine vielfältigere Minzeart als die Grüne Minze gibt es nicht. Von ihr sind Dutzende Sorten bekannt. Die Art selbst trägt rundliche, leicht runzelige Blätter, riecht gut und schmeckt nicht bitter.

RIESENMINZE
Die Riesenminze trägt behaarte, mitunter gerippte Blätter und kann bis zu 1,5 m hoch werden. Sie kommt gut mit sommerlicher Trockenheit zurecht und liefert bis zu den ersten Frösten Blätter, ist allerdings überaus invasiv.

APFELMINZE
Eine kleine Minze (30 cm) mit behaarten Blättern und einem Duft, der manche an Äpfel, andere an Bananen erinnert. Man setzt sie am besten an den Rand einer Pflanzung, denn sie lässt sich leicht verdrängen.

> **BESSER MEIDEN: DIE POLEIMINZE**
> Sie ist die einzige Minze mit einer gewissen Giftwirkung, vor allem bei Schwangeren. Ihr intensiver, penetranter Duft ist aber auch nicht sonderlich verlockend.

SCHOKOLADENMINZE
Eine Sorte der Pfefferminze mit einem Nachgeschmack, der an Kakao oder Minzschokolade („After Eight") erinnert. Sie wird nicht sonderlich hoch, ist aber sehr breitwüchsig. Man kann sie auch noch im Winter ernten.

CHARTREUSE-MINZE
Diese wüchsige Minze mit rundlichem Laub duftet sehr intensiv nach Kölnischwasser, weshalb sie auch Eau-de-Cologne-Minze genannt wird. Sie wird nicht so sehr in der Küche, sondern mehr als Duftspender in Räumen verwendet.

Strauchige Kräuter

BITTE GENUG PLATZ EINPLANEN

In der Küche und als Zutat für Tees sind die Vertreter dieser Gruppe unverzichtbar. Sie werden meist 5 bis 10 Jahre alt, sind aber nicht überall völlig winterhart. Kein Problem, dann pflanzen Sie sie einfach in Töpfe!

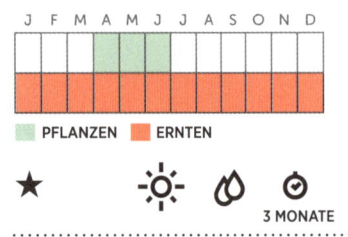

PFLANZEN   ERNTEN

3 MONATE

> **UNBEKÜMMERT DURCH DAS GARTENJAHR**
>
> Strauchige Kräuter gehören zu den pflegeleichtesten Pflanzen überhaupt. Man kann sie ganzjährig ernten, aber ihr Duft verändert sich im Lauf der Jahreszeiten: Im Sommer riechen sie aromatischer, im Winter „grüner".

1. Standort gut auswählen
Strauchige Kräuter brauchen viel Sonne und eher trockene, nicht zu stark gedüngte Böden. Bestens aufgehoben sind sie an einer Hauswand oder auf einer Böschung.

2. Einpflanzen
Erde gut lockern. Wurzelballen der Pflanze vor dem Einpflanzen wässern. In ein Pflanzloch setzen, das doppelt so groß wie der Ballen ist. Erneut wässern, damit sich das Erdreich setzt.

3. Pflegen
Die Pflege könnte einfacher nicht sein: Pflanze nur gelegentlich schneiden. Da das Abernten nicht ausreicht, um sie in ihrem Wuchs zu begrenzen, im Frühjahr schneiden, vor allem in der Höhe.

4. Verjüngen
Pflanzen, die viele kahle Triebe tragen und nicht mehr gut wachsen, werden verjüngt. Entweder auf 10 cm Höhe zurückschneiden oder die Basis eingraben, sie also tiefer in die Erde setzen.

KRÄUTER

AUF EINEN BLICK

- Strauchige Kräuter werden vor allem aus ästhetischen und praktischen Gründen geschnitten: Sie sollen weder zu groß noch zu kahl werden. Geschmacklich ändert ein Schnitt nichts.

- Ein einziger Strauch genügt meist, um eine vierköpfige Familie zu versorgen – außer Sie trinken sehr viel Kräutertee!

DIE WICHTIGSTEN STRAUCHIGEN KRÄUTER

Die folgenden Kräuter und Würzpflanzen sind nicht nur aromatisch, sie machen im Beet und im Topf auch eine gute Figur. Versuchen Sie auf jeden Fall einen Platz für sie zu finden – unbedingt in der Sonne!

ROSMARIN
Dieser kleine Strauch bevorzugt einen Platz vor einer exponierten Südmauer in durchlässiger Erde. In kalten und gebirgigen Gegenden zieht man ihn im Topf und stellt ihn im Winter an einen geschützten, kühlen, aber frostfreien Platz.

KRÄUTER

LORBEER
Je nach Region zieht man Lorbeer im Freiland oder im Topf. Im Freiland verträgt er Temperaturen bis −12 °C. Man schneidet ihn wie eine Hecke, damit er kompakt bleibt. Er kann strauchig oder als Hochstamm gezogen werden.

ZITRONENVERBENE
Die Zitronenverbene ist nicht winterhart. Sie muss daher im Topf kultiviert und kühl, aber frostfrei überwintert werden. Man wässert sie im Sommer gut, damit sie vor den Herbstfrösten geerntet werden kann.

SALBEI
Er leistet als Gewürz ebenso gute Dienste wie als Tee. Die Sträucher können allerdings viel Platz in Anspruch nehmen und sollten daher mindestens einmal jährlich geschnitten werden. Die violette Form ist robuster als andere.

BOHNENKRAUT
Bohnenkraut bildet kleine Büsche mit rund 30 cm Höhe. Es duftet würzig, aber nicht scharf. Bekannt ist das Kraut, weil es die Verdauung stärkehaltiger Lebensmittel fördert. Im Spätwinter wird es kräftig zurückgeschnitten.

THYMIAN
Beim Einpflanzen setzt man Thymian 5 cm tiefer als zuvor. Er kümmert im Schatten rasch und braucht einen Platz in der vollen Sonne. Beim Abernten wird er stark zurückgeschnitten.

KAFFERNLIMETTE
Diese Zitrusfrucht muss im Topf kultiviert werden, denn sie verträgt keine Minustemperaturen. Ihre Früchte und Blätter verströmen einen intensiven Duft nach grünen Zitronen. Im Sommer stellt man den Strauch nach draußen. Er braucht viel Wasser.

Essbare Blüten

SCHÖN UND SCHMACKHAFT ZUGLEICH

Ein Nutzgarten besteht nicht nur aus Gemüse, Obst und Kräutern: Auch viele Blüten sind essbar. Allerdings lohnen nur einige wenige den Anbau. Aber selbst wenn man es nicht schafft, sie alle zu verwerten, so sind sie doch zumindest schön anzusehen.

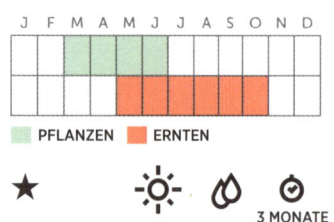

1. Einpflanzen
Essbare Blüten zwischen Gemüse oder in eine Ecke des Nutzgartens pflanzen. Dazu Ballen wie bei einer Gemüsepflanze in die Erde setzen und gleich anschließend reichlich wässern.

2. Schützen
Bei Kälte mit einer Abdeckung schützen. Falls Schnecken ein Problem sind und frische Pflänzchen befallen, etwas Schneckenkorn ausstreuen.

3. Wachsen lassen
In Ruhe lassen und nur wässern, wenn es längere Zeit nicht regnet. Essbare Blüten kommen mit wesentlich weniger Wasser aus als Gemüse.

4. Ernten
Blüten nach dem Öffnen ernten. Dabei möglichst nur die Blütenblätter, nicht die grünen oder harten Teile abzupfen. Blüten werden nicht gewaschen und dürfen daher nicht schmutzig sein.

5. Beet freiräumen
Am Saisonende alles ausreißen und auf den Komposthaufen werfen. Der freie Platz kann für Wintergemüse wie Feldsalat genutzt werden, wenn es nicht zu spät dafür ist. Daher früh freiräumen.

KRÄUTER

AUF EINEN BLICK

- Es versteht sich von selbst, dass Blüten, die für den Verzehr bestimmt sind, nicht gespritzt werden dürfen. Schützen Sie sie auch vor Haustieren.

- Essbare Blüten können auch in Gruppen gepflanzt werden.

- Die zu erntende Menge ist variabel, aber in der Regel reicht eine Pflanze von jeder Art.

DIE BESTEN ESSBAREN BLÜTEN: FARBEN UND DÜFTE AUF DER SPEISEKARTE

Essbare Blüten eignen sich hervorragend als Garnierung für Salate, Reisgerichte oder Fisch. Sie steuern allerdings auch Geschmack und eine oft erstaunlich angenehme Konsistenz bei. Aber Vorsicht: Essen Sie nur solche, die Sie genau kennen und am besten selbst geerntet haben.

ZIMMERKNOBLAUCH
Auch Schnittknoblauch genannt. Ähnelt Schnittlauch, hat aber flache Blätter. Zudem ist sein Lauchduft nicht so ausgeprägt. Die rosa Blüten sind jedoch wie die von Schnittlauch essbar. Er braucht viel Sonne und verträgt keine strengen Fröste.

KRÄUTER

STIEFMÜTTERCHEN
Stiefmütterchen sind alle essbar, ganz gleich, ob sie große oder kleine Blüten tragen. Verwenden Sie nur Biopflanzen, denn die im normalen Handel erhältlichen Zierpflanzen sind meist gespritzt.

ROSE
Die Blütenblätter gefüllter Duftrosen leisten in der Küche gute Dienste. Suchen Sie sich eine stark duftende Sorte wie die Rose de Rescht, die auch bei Parfümeuren hoch im Kurs steht.

KAPUZINERKRESSE
Der Geschmack der Blätter und Blüten dieser klassischen Sommerblume erinnert an Senf. Die Blüten werden roh genossen.

BORRETSCH
Seine behaarten Blüten sind beim Daraufbeißen knackig und haben ein frisches Aroma, das an Gurken erinnert. Man sollte aber nicht zu viel davon essen. Die Pflanze sät sich selbst aus.

TAGLILIE
Taglilien liefern knackige Blüten mit süßlich-nussigem Geschmack. Sie bereichern Salate um eine etwas andere Textur. Geerntet werden nur die geöffneten Blüten.

AUSTERNPFLANZE
Lieber noch als ihre Blüten werden die Blätter verzehrt, die man wegen ihres Austerngeschmacks schätzt – womit sie eher eine Pflanze für Liebhaber von Meeresfrüchten ist. Sie braucht viel Sonne und Wasser, ist aber sehr langlebig.

Register

A
Artischocke 28
Aubergine 30
Aussaat 17
Austerpflanze 141

B
Babymöhren 114
Basilikum 124
Bataviasalat 93
Beeteinfassung 14
Blüten, essbare 138
Boden 10, 20, 21
Bohne 32 ff.
Bohnenkraut 125, 137
Borretsch 141
Buschbohne 32

C
Chili 86

D
Dicke Bohne 36
Düngen 19

E
Eichblattsalat 93
Einpflanzen 16
Eisbergsalat 93
Erbse 38
Erdbeere 40
Erdbeerspinat 115
Erdnuss 115
Estragon 128

F
Feldsalat 42
Fenchel 44, 129

G
Gartenschlauch 13
Gießen 18
Gießkanne 13
Gurke 46

H
Hacke 12
Himbeere 48
Hochbeet 14
Horstsaat 17

I
Indianernessel 129

J
Jahreskalender 22
Jäten 18

K
Kaffernlimette 137
Kamille 129
Kapstachelbeere 50
Kapuzinerkresse 141
Kardone 112
Karotte 72
Kartoffel 52
Kinder 114
Knoblauch 56
Knollenziest 112
Kohl 58
Kohlrabi 113
Kopfsalat 90
Kräuter
    Einjährige 122
    Mehrjährige 126
    Strauchige 134
Kresse 114
Kürbis 62

L
Lauch 66
Liebstöckel 129
Lorbeer 137

M
Maggikraut 129
Majoran 125
Mangold 68
Melisse 129
Melone 70
Minze 132 ff.
Möhre 72

Monarde 129
Mulchen 19

P
Paprika 86
Pastinake 112
Perilla 125
Petersilie 125
Pflanzen 16
Pflanzenschutz 19
Pflanzholz 13
Pflege 18
Pflücksalat 93
Physalis 50
Porree 66

Q
Quadratbeet 14

R
Radicchio 74
Radieschen 76
Rahmenbeet 14
Rauke 84
Rechen 12
Reihensaat 17
Rettich 78
Rhabarber 80
Romanasalat 93
Rose 141
Rosmarin 136
Rote Bete 82
Rübe 88
Rucola 84

S
Saatbänder 17
Salat 90
Salbei 137
Samenspender 13
Schalotte 94
Schatten 21
Schaufel 13
Schlauch 13
Schnittlauch 128
Sellerie 96
Shiso 125

Sommersalat 90
Spargelbohne 112
Spaten 12
Speiserübe 88
Spinat 98
Sprühflasche 13
Standorte 20
Stangenbohne 34
Stiefmütterchen 141
Süßkartoffel 100

T
Taglilie 141
Thymian 137
Tomate 102
Topfkultur 116
Topinambur 112

W
Werkzeuge 12
Wintersalat 74, 93

Z
Zimmerknoblauch 140
Zitronenverbene 137
Zucchini 108
Zwiebel 110

Danksagung
Der Autor dankt Anne und Alex für ihren Beitrag zu den Fotoaufnahmen.

Bildnachweis
Alle Fotos vom Autor mit Ausnahme von:
Fotolia: 61 u li, 78 re, 115 re, 117 u re.
Zoonar GmbH/Shutterstock.com: 55 u li.
Creative Commons (cc by): 21 o Mi, 44 re, 115 li, 125 o re, 132 re, 133 u li, u Mi, o li, 137 u re, 140, 141 bd.

MIX
Papier aus verantwortungsvollen Quellen
FSC® C110508
www.fsc.org

Die in diesem Buch enthaltenen Empfehlungen und Angaben sind vom Autor mit größter Sorgfalt zusammengestellt und geprüft worden. Eine Garantie für die Richtigkeit der Angaben kann aber nicht gegeben werden. Autorin/Autor und Verlag übernehmen keine Haftung für Schäden und Unfälle. Bitte setzen Sie bei der Anwendung der in diesem Buch enthaltenen Empfehlungen Ihr persönliches Urteilsvermögen ein.
Der Verlag Eugen Ulmer ist nicht verantwortlich für die Inhalte der im Buch genannten Websites.

Bibliografische Information der Deutschen Nationalbibliothek
Die Deutsche Nationalbibliothek verzeichnet diese Publikation in der Deutschen Nationalbibliografie; detaillierte bibliografische Daten sind im Internet über http://dnb.d-nb.de abrufbar.

Das Werk einschließlich aller seiner Teile ist urheberrechtlich geschützt. Jede Verwertung außerhalb der engen Grenzen des Urheberrechtsgesetzes ist ohne Zustimmung des Verlages unzulässig und strafbar. Das gilt insbesondere für Vervielfältigungen, Übersetzungen, Mikroverfilmungen und die Einspeicherung und Verarbeitung in elektronischen Systemen.

Die französische Originalausgabe erschien unter dem Titel
Groult, Guide du potager ultra-simple.
© 2018 Les Éditions Ulmer, Paris.
www.editions-ulmer.fr

© 2019 Eugen Ulmer KG
Wollgrasweg 41, 70599 Stuttgart (Hohenheim)
E-Mail: info@ulmer.de
Internet: www.ulmer.de
Übersetzung: Reinhard Ferstl
Lektorat: Dr. Folko Kullmann, Doris Kowalzik
Herstellung: Silke Reuter
Umschlag-Gestaltung: red.sign, Anette Vogt, Stuttgart
Satz: Kristijan Matic, Stuttgart
Druck und Bindung: Westermann Druck, Zwickau
Printed in Germany

ISBN 978-3-8186-0783-8